CHRISTIAN HÜMBS

BACK DICH UM DIE WELT

CHRISTIAN HÜMBS

BACK DICH UM DIE WELT

90

süße Rezepte gegen Fernweh

Mit Fotografien von Jan C. Brettschneider

DK

INHALT

C. Hümbs

VORWORT

Bei meinem ersten Buch »Richtig gut backen«, das 2015 erschien, war ich überrascht, dass es gar nicht so einfach ist, all meine Erfahrung, Kenntnisse und Liebe zur süßen Kunst zu Papier zu bringen und quasi für die Ewigkeit zwischen zwei Buchdeckeln festzuhalten. Natürlich war das auch bei diesem Buch, das Sie nun in den Händen halten, eine Herausforderung, die Inspiration allerdings ist nur so geflossen. Denn seit Buch eins ist einiges passiert: Natürlich hat sich meine Berufserfahrung erweitert, ich kam durch meine Arbeit und meine Kolleg:innen noch stärker in den kreativen Austausch und natürlich – wie die meisten von Ihnen sicherlich wissen – war und bin ich mit einer riesen Freude als Juror für die Fernsehsendung »Das große Backen« im Einsatz. Ich kann nicht sagen, wie stark mich die Kandidaten mit ihrer Leidenschaft, ihren Ideen und ihrer Kreativität immer wieder aufs Neue inspirieren und bereichern. Darüber hinaus sehe ich Social Media, in erster Linie Instagram, als mein »Ohr nach draußen«. Ich bekomme täglich unglaublich viel Feedback aus der ganzen Welt und es macht mich wirklich glücklich zu sehen, wie die Leute meine Kreationen nachbacken und auf ihre eigene Weise interpretieren. Nicht nur als Juror bedeutet es mir viel, die zahllosen Backbegeisterten zu begleiten und an meiner Erfahrung und meinem Wissen teilhaben zu lassen.

Warum aber nun ein Buch mit dem Thema »internationales Backen«? Das Schöne am Beruf des Patissiers ist ja unter anderem die Weltoffenheit. Das Einzige, was du neben deiner Ausbildung brauchst, ist echtes Interesse und Leidenschaft für das, was du tust. In kaum einem anderen Beruf ist es möglich, sich jeden Tag aufs Neue kreativ auszutoben und den eigenen Horizont zu erweitern. Und das an jedem Ort der Welt. Ich empfinde das als großen Luxus. In allen Küchen und Backstuben spricht man die gleiche Sprache: nämlich die des Genusses und der Liebe zu guten Zutaten. Backen ist global – jedes Land hat seine eigene, oftmals althergebrachte Tradition und es ist unwahrscheinlich spannend in dieser Hinsicht mal auf Spurensuche zu gehen. Ich als Profi kann da natürlich auf ganz andere Ressourcen zurückgreifen, in dem ich in den schon erwähnten Austausch mit Fachleuten aus aller Welt gehe oder natürlich selbst gerne auf Reisen Inspirationen sammle, die in irgendeiner Weise in meine Kreationen einfließen. Das alles möchte ich den Leser:innen meines Buches zugänglich machen. Ich möchte Ihnen sozusagen meinen ganz persönlichen Einblick in die Backstuben der Welt geben und Ihnen zeigen, was im Bereich der süßen Leckereien alles möglich ist. Und das natürlich immer auf meine spezielle Art und Weise. Die meisten Rezepte in diesem Buch sind echte Klassiker, einige basieren auf typischen Aromen aus dem jeweiligen Heimatland, andere wiederum sind modern und neu. Eines haben sie jedoch alle gemeinsam: Ich habe mir die Freiheit genommen, ihnen meinen ureigenen Stempel aufzudrücken. Wo zum Beispiel die Kardinalschnitte – der Klassiker aus Österreich – mit Mokkasahne geschichtet wird, kommt in die Kardinalschnitte à la Hümbs ein ganz neuer Move durch die Kaffee-Chantilly hinein. Sie ist stabiler, lässt sich besser dressieren und wird auf diese Weise schnittfester. Dass das hammermäßig schmeckt, ist eh klar.

So habe ich mich in diesem Buch auf eine süße kulinarische Reise begeben und zeige Ihnen auf den nächsten 200 Seiten meine Auswahl der besten und leckersten Rezepte – als Reiserouten quer über den Erdball zusammengestellt. Mal sind sie anspruchsvoller, mal ganz einfach, aber bestimmt ist für jede Gelegenheit etwas dabei. Für rundum gelungene Backergebnisse hab ich außerdem meine Tipps und Kniffe ergänzt und auch interessante Facts und Infos zu den Rezepten oder ihrer Geschichte aufgeschrieben.

Jetzt heißt es: Ich »backe« meinen Koffer … und los geht's!

Viel Spaß beim Stillen Ihres süßen Fernwehs

Ihr
Christian Hümbs

EINLEITUNG

Wer kennt das nicht? Der Duft von Zimt und Kardamom steigt einem in die Nase und man sitzt gedanklich sofort wieder in der kleinen schwedischen Bäckerei, bei der man sich im letzten Urlaub täglich mit einer Ration Zimtschnecken eingedeckt hat. Oder man stippt ein herrlich fluffiges, buttriges Croissant in seinen Café au Lait und weiß: So schmeckts nur in Frankreich!

Der Genuss von Backwaren, Kuchen und Torten ist Emotion pur. Das kann zum einen die besagte wohlige Erinnerung an schöne Erlebnisse auf Reisen sein oder aber – noch persönlicher – zum Beispiel an die niederländische Oma, bei der man als Kind gemütlich und geborgen auf der Ofenbank saß und zugeschaut hat, wie sie in einem großen Topf ihre leckeren Oliebollen – Ölkugeln – ausgebacken hat.

Wer für sich und seine liebsten Menschen backt, verschenkt Liebe und Wohlfühlerlebnis in einem. Wenn die Gebäcke einen dann auch noch geschmacklich mit auf die Reise nehmen zu den Aromen, Geschmäckern und Gepflogenheiten ihrer Ursprungsländer, dann kann das schon ganz schön glücklich machen. Gerade in einer Zeit, in der man vielleicht nicht selbst losziehen kann, macht es besonders viel Spaß, den kulinarischen Horizont im eigenen Backofen erweitern zu können und Neues auszuprobieren.

Aber egal ob für den urdeutschen Frankfurter Kranz, eine Hommage an die ehemalige Krönungsstadt, die Engadiner Nusstorte, eine Art schweizerisches Kulturgut, oder die englische Banoffee Pie, angeblich Margret Thatchers liebstes Rezept – eines gilt für alle Gebäcke der Erde: Die Grundlage für Backerfolge ist die Qualität der Ausgangsprodukte, sprich der Rohstoffe.

Man muss nicht immer den Rolls Royce unter den Zutaten kaufen, wer aber meint, aus minderwertigen Produkten könne man die hochwertigsten Kreationen zaubern, der ist auf dem Holzweg. Stattdessen ist schon viel gewonnen, wenn man sich an der Saisonalität der Produkte orientiert: Die Backstuben der Welt bieten eine solche Fülle an Inspiration, da kann ich im deutschen Herbst oder Winter getrost darauf verzichten, geschmacksarme Früchte aus Übersee in meiner Tarte zu verarbeiten und stattdessen lieber auf heimische Ware wie Pflaumen oder Äpfel zurückgreifen. Auch bei den Basiszutaten wie Kuvertüre, Butter oder Gewürzen zum Aromatisieren, empfehle ich Ihnen, auf die Qualität zu achten.

À propos Gewürze: Kaum etwas ist so charakteristisch für internationales Backen wie die verwendeten Gewürze. Ob es der vietnamesische Zimt ist, der den Gebäcken seinen ganz eigenen –

sehr ausgeprägten – Geschmack verleiht oder die Tonkabohne aus Südamerika, die mit ihrer süßlichen, leicht bitteren Note jedes Gebäck veredelt. Auch milde Currypulver wie mein Favourite der Mumbai Curry oder orientalisch anmutender Safran und Rosenwasser können Süßspeisen auf ein ganz neues geschmackliches Level heben. Mit der Königsklasse der Zutaten und Gewürze kann man sich zum Beispiel beim Online-Feinkosthandel Bosfood (www.bosfood.de) versorgen. Auch im »Alten Gewürzamt« von Ingo Holland wird man mit bester Ware versorgt. Sie werden sehen, das lohnt sich, denn die Anschaffung kostet nicht wahnsinnig viel mehr, macht aber einen gigantischen Unterschied.

Meine ganz persönlichen Lieblingsgewürze – das kann man auch an den Kreationen dieses Buches sehen – sind Vanille und Zimt. Beide lassen sich in jedes Rezept einbauen, ohne dass ihr Geschmack zu dominant wird. Beim Kardamom zum Beispiel wird das Ganze schon kniffliger. Ich halte es da mit dem deutschen Gastrokritiker Jürgen Dollase, der sagt: »Man kann nahezu alles miteinander kombinieren, auf die Proportionen kommt es an.« Und damit hat er natürlich recht. Eine Prise Kardamom in der Kombi mit Heidelbeeren erzeugt eine Sinfonie an Geschmack, etwas zu viel davon und es schmeckt nach Seife ... Da hilft nur, zu experimentieren und auch mal über den Tellerrand hinausschauen. Gerade bei den landestypischen Backtraditionen. Der mittel- oder osteuropäische Hefekuchen Babka zum Beispiel muss nicht – wie ich das in diesem Buch zeige – mit Schokolade gefüllt sein, auch mit Kirsch- oder Himbeerkonfitüre und Pekannüssen, ist er der Hammer.

Ebenfalls Spaß macht das Experimentieren in Hinblick auf die Mehltype, die Auskunft über Backeigenschaften und Mineralstoffgehalt des Mehls gibt und natürlich die Getreidesorte: Gemahlenes Maismehl zum Beispiel wird in Südamerika verwendet, es unterscheidet sich von der bei uns eher bekannten gröberen Polenta, die man, gemischt mit anderem Mehl, ebenfalls zum Backen verwenden kann. Ob Ruchmehl, Semola oder Buchweizen, es lohnt sich, unterschiedliche Mehlsorten und Mahlgrade zu variieren, um Gebäcken eine etwas andere Note zu verleihen.

Ein weiterer unerlässlicher Punkt für erfolgreiches Backen im Allgemeinen ist – gerade für Backanfänger – ein ganz simpler: Vor allem anderen, das Rezept einmal von vorne bis hinten durchlesen. Klingt selbstverständlich, ist es aber nicht. Nicht selten stellt man im Laufe der Arbeit fest, es fehlt eine entscheidende Zutat oder man hat nicht die richtige Backform zur Hand. Das lässt sich umgehen, indem man vorab schon alles Notwendige bereitlegt. Es spart Zeit und Nerven. Und macht es einfacher, sich auf die richtige Abfolge der Arbeitsschritte zu konzentrieren.

Liegen nun die besten Zutaten und alle Utensilien parat, stellt sich die Frage nach der Inspiration: Das Tolle ist ja, meine Rezepte finden ganz häufig

mich. Meine Follower:innen schicken mir Bilder von Gebäck, das sie gekostet und für gut befunden haben, meine Gäste wünschen sich süße Köstlichkeiten, die sie irgendwo schon einmal gegessen haben und die sie nicht mehr aus dem Kopf bekommen. Und dabei ist das, wie schon erwähnt, manchmal eine hochemotionale und teilweise auch recht subjektive Sache. Wo der oder die eine die dänische Dagmartærte – ein klassischer Plunderteigkuchen mit Vanillecreme – klietschig und weich haben will, muss er für mich gut durchgebacken und richtig saftig sein.

Auch ist zum Beispiel »meine« Sachertorte im Gegensatz zum Originalrezept mit Marzipan eingeschlagen statt mit Schokoglasur überzogen. Dadurch bekommt sie eine glatte und glänzende Oberfläche, außerdem passt Marzipan perfekt zu Schokolade und Marille.

Fragt man mich aber nach meinem ganz persönlichen Favoriten, ist das für mich als Patissier natürlich schwer zu beantworten. Ich liebe sie alle – die Franzbrötchen in diesem Buch vielleicht ein kleines bisschen mehr ... Aber auch der Kaiserschmarrn oder die russische Honigtorte sind der Burner.

Im Zuge der Arbeit an diesem Buch war es auch super interessant zu erfahren, dass es Rezepte gibt, die ihren Ursprung in einem bestimmten Land haben und letztendlich an einem weiteren Ort ebenfalls bekannt sind – dort allerdings unter einem anderen Namen. So der Fall beim Lamington, den kleinen Würfeln aus Biskuitteig, die mit Schokolade glasiert und in Kokosraspeln gewendet werden. Vom australischen Nationalgebäck sagt man, es sei nach dem Gouverneur von Queensland benannt worden, dem das Gebäck wohl aus der Not heraus – es war noch Biskuitkuchen übrig und andere Zutaten Mangelware – serviert wurde. Es heißt, er und seine Frau verlangten später nach dem Rezept.

Wie dem auch sei, dasselbe Gebäck wird auch in Kroatien und Serbien gebacken und zwar unter dem Namen Cupavci. Selbes Rezept, andere Bezeichnung – gleich köstlich. Auch die weiter oben schon genannte Babka (die »Großmutter«) wird nicht nur wie in meinem Buch in Ungarn serviert. Sie steht traditionell als Hefe-Napfkuchen auch in Russland, Polen oder Albanien auf der Festtafel. Wir sehen, süße Speisen können so viel mehr sein als nur lecker. Sie sind ein Zeichen dafür, dass letztendlich alles miteinander in Verbindung steht. Und somit schließt sich der Kreis: In der Welt des Backens spricht man mit einer Sprache, nämlich mit der des Genusses. Sie ist universell und erreicht jede:n.

Bevor es nun wirklich mit den Rezepten losgeht, noch eine Kleinigkeit zur Nutzung dieses Buches: Wer mich kennt, weiß, dass mich meine Notizbücher seit Jahren bei der Arbeit begleiten. Sie sind voller Post-its und mittlerweile sind es schon fast 15 Stück, die in meinem Regal stehen. Immer wieder greife ich mir eines heraus und schaue nach, was ich zu einem bestimmten Rezept eingetragen habe. Ab Seite 220, finden Sie freie Seiten für Ihre eigenen Gedanken, Notizen und Erfahrungen, die Sie mit den Rezepten gemacht haben. Ich freue mich, wenn Ihre Bücher mit der Zeit zu leben beginnen und Ihre ganz persönliche »Backreise« widerspiegeln.

THE DOLDER GRAND

D

DEUTSCHLAND

Schwarzwälder Kirschtorte
‣ Seite 24

Ö

ÖSTERREICH

Kaiserschmarrn
‣ Seite 48

Lángos
‣ Seite 66

U

UNGARN

SCHWEIZ

Engadiner Nusstorte
▸ Seite 36

ROUTE 1

Hohe Berge, grüne Hügel, kühle Seen und gewaltige Flüsse – all das eint die Länder meiner ersten Reiseroute: Deutschland, Österreich, die Schweiz und Ungarn. Wer geografisch nicht ganz so bewandert ist, dem sagen aber sicher die folgenden Begriffe etwas: Schwarzwälder Kirschtorte, Kaiserschmarrn, Engadiner Nusstorte oder Lángos! Alle vier Länder haben eine lange und unglaublich köstliche Back- und Süßspeisentradition. Deutsches Backhandwerk hat sich in aller Welt einen Namen gemacht, in Österreich ist die Kaffeehauskultur legendär, den Schweizern macht in Sachen Brot und Kleingebäck niemand so schnell etwas vor und von den ungarischen Mehlspeisen kann man nur träumen. Teilweise lässt sich gar nicht mehr zuordnen, welche Süßspeise wo ihren Ursprung hat, denn zwischen den Ländern gibt es diverse geschichtliche Verbindungen, sodass sie sich gegenseitig mit ihren Spezialitäten bereicherten. Im ersten Kapitel habe ich meine Lieblinge aus den vier Ländern gesammelt und sie – teilweise ganz klassisch, teilweise etwas freier, aber immer mit meinem ganz persönlichen Feinschliff interpretiert. Welches der süßen Träumchen ist Ihr Favorit?

AMERIKANER

Schwierigkeitsgrad: einfach
Zubereitung: ca. 20 Min. + Abkühlzeit
Backzeit: ca. 8 Min.

Für 15 Stück

FÜR DEN TEIG

300 g Mehl
15 g Backpulver
20 g Puddingpulver
25 g blanchierte, gemahlene Mandeln
25 g Milch
20 g Marzipanrohmasse
200 g Margarine
200 g Zucker
20 g Vanillezucker
Mark von 1 Vanilleschote
4 Eier

AUSSERDEM

Spritzbeutel mit Lochtülle (Ø 8 mm)
Aprikosenkonfitüre
Flüssigfondant

1. Den Backofen auf 200 °C vorheizen und ein Blech mit Backpapier belegen.

2. Für den Teig Mehl, Backpulver, Puddingpulver und Mandeln in einer Schüssel mischen. Die Milch mit dem Marzipan verrühren. Margarine, Zucker, Vanillezucker und Vanillemark mit den Quirlen des Handrührgeräts aufschlagen. Die Eier nacheinander jeweils solange unterrühren, bis sich die Zutaten glatt verbunden haben. Die Marzipan-Milch zugeben und verrühren. Die Mehlmischung zügig unter die Masse heben und in einen Spritzbeutel mit Lochtülle füllen. Gleich große Häufchen (Ø 6 cm) mit etwas Abstand auf das vorbereitete Blech dressieren und etwa 8 Minuten goldgelb backen. Aus dem Ofen nehmen und auf einem Gitter auskühlen lassen.

3. Die Aprikosenkonfitüre in einem kleinen Topf erwärmen und die Amerikaner dünn damit bestreichen. Den Fondant ebenfalls erwärmen und auf der Konfitüre verstreichen.

TIPP

Wer Lust auf Abwechslung hat, kann statt gemahlenen Mandeln auch gemahlene Haselnüsse verwenden und die Teigkreise mit temperierter Kuvertüre (s. S. 35) anstelle von Flüssigfondant überziehen.

ZIMTSTERNE

Schwierigkeitsgrad: leicht
Zubereitung: ca. 20 Min. + ca. 2 Std. Kühlzeit + 2 Stunden Ruhezeit + Abkühlzeit
Backzeit: 8–10 Min.

Für 40 Stück

FÜR DEN TEIG

800 g ganze Mandeln
500 g Zucker
200 g Eiweiß
200 g gemahlene, blanchierte Haselnüsse
200 g Puderzucker
30 g gemahlener Zimt (wenn möglich aus Vietnam)
Mark von 3 Vanilleschoten
15 g Kakaopulver
100 g Marzipan
150 g getrocknete Kirschen

FÜR DIE GLASUR

2 Eiweiß
200 g Puderzucker
Mark von ½ Vanilleschote

AUSSERDEM

Multizerkleinerer
Nudelholz
Zimtstern-Ausstecher

1. Für den Teig die Mandeln mit einem Teil des Zuckers und einem Teil der Eiweiße in einem Multizerkleinerer grob mixen. Alle restlichen Zutaten mit der Mandelmischung in eine Küchenmaschine geben und auf niedriger Stufe zu einem glatten Teig verarbeiten. Den Teig auf Backpapier (etwa 1 cm Dicke) ausrollen und 2 Stunden kalt stellen.

2. Den Backofen auf 160 °C vorheizen und ein Blech mit Backpapier belegen.

3. Für die Glasur die Eiweiße mit den Quirlen des Handrührgeräts aufschlagen und den Puderzucker nach und nach zugeben. Zum Schluss das Vanillemark zufügen und unterrühren. Die Glasur auf den gekühlten Teig geben und glatt streichen. Die Glasur etwa 2 Stunden antrocknen lassen. Die Sterne mit einem Zimtstern-Ausstecher herstellen und auf dem Backblech verteilen. Im vorgeheizten Ofen (Mitte) 8–10 Minuten backen. Aus dem Ofen nehmen und auf einem Gitter auskühlen lassen.

»Die Sauerkirschen in meinem Rezept geben diesem deutschen Weihnachtsklassiker eine schöne Säure und verleihen ihm eine ganz einzigartige Konsistenz.«

AACHENER PRINTEN

Schwierigkeitsgrad: einfach
Zubereitung: ca. 15 Min. + ca. 24 Std. Kühlzeit + Abkühlzeit
Backzeit: ca. 15 Min.

Für ca. 35 Stück

FÜR DEN TEIG

2,5 g Pottasche
250 g Rübensirup
75 g brauner Rohrzucker
50 g Zucker
300 g Mehl
25 g Orangeat
1 Prise Piment
1,5 TL gemahlener Anis
1 TL gemahlener Koriander
1 TL gemahlener Zimt
1 Prise gemahlene Nelken
1 Prise gemahlener Kardamom
1 Prise geriebene Muskatnuss
1 Prise Natron

AUSSERDEM

ovale Ausstecher
Mehl zum Verarbeiten

1. Für den Teig die Pottasche in 1½ EL Wasser auflösen, dann zusammen mit den restlichen Zutaten mit dem Knethaken in der Küchenmaschine zu einem glatten Teig kneten. Den Teig in Frischhaltefolie wickeln und mindestens 24 Stunden kalt stellen.

2. Den Backofen auf 210 °C Umluft vorheizen und ein Backblech mit Backpapier belegen.

3. Den Teig auf einer leicht bemehlten Arbeitsfläche (etwa 5 mm Dicke) ausrollen und mit einem ovalen Ausstecher Printen herstellen. Im vorgeheizten Ofen (Mitte) 15 Minuten backen. Aus dem Ofen nehmen und auskühlen lassen.

TIPP

Dieses super klassische Rezept begleitet mich genau so seit meinem ersten Lehrjahr. Natürlich kann man die Zusammensetzung der Gewürze nach Geschmack variieren, das Geschmacksmuster basiert allerdings auf den Original Aachener Printen. Wie immer gilt: Auf gute Qualität achten!

FRANZBRÖTCHEN

Schwierigkeitsgrad: anspruchsvoll
Zubereitung: ca. 35 Min. + ca. 30 Min. Ruhezeit + Abkühlzeit
Backzeit: ca. 14 Min.

1. Den Plunderteig wie auf Seite 210 beschrieben vorbereiten; das Vanillemark gemeinsam mit dem Zucker in die Milchmischung geben. Den Zucker und den Zimt mischen.

2. Den Teig zu einem länglichen Rechteck (4mm Dicke) ausrollen. Die flüssige Nussbutter gleichmäßig mit einem Pinsel auf dem Teig verteilen. Mit der Zucker-Zimt-Mischung bestreuen und von der langen Seite her eng aufrollen. In 4–5cm breite Stücke schneiden und mit dem bemehlten Stiel eines Kochlöffels die Rolle bis zum Boden eindrücken. Die Franzbrötchen auf ein mit Backpapier belegtes Blech legen, sodass sie etwa 5cm Abstand voneinander haben. Abgedeckt nochmals etwa 30 Minuten gehen lassen.

3. Inzwischen den Backofen auf 200°C vorheizen. Die Franzbrötchen im vorgeheizten Ofen (Mitte) etwa 14 Minuten goldbraun backen. Aus dem Ofen nehmen und auf dem Blech auskühlen lassen. Nach Belieben mit Puderzucker bestäuben.

Für ca. 10 Stück

FÜR DEN PLUNDERTEIG

500g Mehl, plus etwas mehr
5g Salz
45g Frischhefe
230g Milch, kalt
Mark von 1 Vanilleschote
70g Zucker
85g Butter, zimmerwarm

FÜR DEN ZUCKER

225g Zucker
9g gemahlener Zimt
(wenn möglich aus Vietnam)

AUSSERDEM

200g Butter zum Tourieren
120g Nussbutter, flüssig
Backpinsel
Holzkochlöffel
Puderzucker (nach Belieben)

DONAUWELLE

Schwierigkeitsgrad: anspruchsvoll
Zubereitung: ca. 1 Std. + ca. 4 Std. Kühlzeit + Abkühlzeit
Backzeit: ca. 25 Min.

Für 1 Blech

FÜR DEN TEIG

250 g Mehl
2 TL Backpulver (7 g)
1 Tonkabohne, gerieben
5 Eier
200 g Zucker
Mark von 1 Vanilleschote
125 g Pflanzenöl
125 g Milch,
plus 2 EL (20 g)
2 TL Kakaopulver (15 g)
2 Prisen gemahlener Zimt

FÜR DIE BUTTERCREME

600 g Milch
60 g Maisstärke
20 g Zucker
40 g Honig
Mark von 3 Vanilleschoten
250 g Butter, zimmerwarm
20 g Rum

FÜR DIE GLASUR

200 g Zartbitterkuvertüre
1 EL Pflanzenöl

AUSSERDEM

300 g Sauerkirschen
(aus dem Glas), abgetropft
gezackte Teigkarte

1. Am Vortag für die Buttercreme 50 g Milch mit der Stärke glatt rühren. Die restliche Milch (550 g) mit Zucker, Honig und Vanillemark aufkochen und unter ständigem Rühren unter die Milch-Stärke-Mischung rühren. Die Masse zurück in den heißen Topf geben und unter Rühren nochmals aufkochen. Mit Frischhaltefolie abgedeckt auskühlen lassen und kühl stellen.

2. Den Backofen auf 180 °C Umluft vorheizen und ein Blech mit Backpapier belegen. Für den Teig Mehl, Backpulver und geriebene Tonkabohne in einer Schüssel mischen. Die Eier trennen. Die Eigelbe mit 100 g Zucker sowie dem Vanillemark in der Küchenmaschine aufschlagen. Das Öl unter weiterem Schlagen in einem dünnen Strahl in die Eigelb-Zucker-Mischung laufen lassen. Mit den 125 g Milch ebenso verfahren. Die Eiweiße mit dem restlichen Zucker (100 g) steif schlagen. Den Eischnee unter die Eigelbmischung heben. Zum Schluss die Mehlmischung zügig unterarbeiten.

3. Zwei Drittel des Teiges auf das vorbereitete Blech geben und verteilen. 2 EL Milch mit Kakaopulver und Zimt glatt rühren, unter die restliche Masse heben und auf dem hellen Biskuit verteilen. Die Sauerkirschen darauf verteilen und leicht eindrücken. Im vorgeheizten Ofen (Mitte) etwa 25 Minuten backen. Aus dem Ofen nehmen und auskühlen lassen.

4. Für die Buttercreme die Butter aufschlagen, bis sie weiß ist. Den glatt gerührten Vanillepudding nach und nach einrühren. Zum Schluss den Rum zugeben. Die Creme auf dem Boden verteilen und glatt streichen. Etwa 3 Stunden kalt stellen und fest werden lassen.

5. Für die Glasur die Kuvertüre grob hacken und über einem warmen Wasserbad schmelzen. Das Pflanzenöl zugeben und zu einer glatten glänzenden Masse verrühren. Abgedeckt etwas abkühlen lassen und dann auf dem Kuchen verteilen. Mit einer gezackten Teigkarte in Wellenbewegungen Muster in die Glasur ziehen und nochmals 30 Minuten kalt stellen.

SCHWARZWÄLDER KIRSCHTORTE

Schwierigkeitsgrad: anspruchsvoll
Zubereitung: ca. 2 Std. + ca. 14 Std. Kühlzeit + Abkühlzeit
Backzeit: 40–45 Min. + 25 Min.

Für 1 Torte

FÜR DEN MÜRBETEIG

150 g Butter,
plus mehr für die Form
100 g Puderzucker
1 Ei
Mark von ½ Vanilleschote
1 Prise Salz
250 g Mehl, plus mehr
zum Verarbeiten
30 g blanchierte,
gemahlene Mandeln

FÜR DEN SCHOKOLADEN-BISKUIT

65 g Zartbitterkuvertüre
50 g Butter
5 Eier
50 g Mehl
20 g Kakaopulver
215 g Marzipanrohmasse
50 g Puderzucker
50 g Zucker

FÜR DIE KIRSCHEN

50 g Kirschpüree
(Boiron über Bosfood)
10 g Puddingpulver
75 g Kirschsaft
25 g Zucker
Mark von ½ Vanilleschote
5 g Ascorbinsäure
200 g Kirschen

1. Am Vortag für die Chantilly die Gelatine (1,5 Blatt bei Verwendung von Sahne, ¾ Blatt bei Verwendung von Rama Cremefine) 5 Minuten in kaltem Wasser einweichen. Die Kuvertüre klein hacken und in ein hohes Gefäß geben. Die 78 g Sahne mit Rohrzucker und Vanillemark in einem Topf aufkochen. Die ausgedrückte Gelatine darin auflösen, über die Kuvertüre gießen und mit einem Stabmixer zu einer glänzenden Masse verarbeiten. Die 230 g kalte Sahne (oder Rama Cremefine) und das Kirschwasser zugeben und verrühren. Die Chantilly abgedeckt über Nacht kalt stellen.

2. Den Mürbeteig wie auf Seite 211 beschrieben vorbereiten.

3. Für die Kirschen das Kirschpüree mit dem Pudingpulver verrühren. Die restlichen Zutaten bis auf die Kirschen in einem Topf aufkochen, die Crememischung unter Rühren zugeben und 1 Minute köcheln lassen. Die Kirschen zugeben und nochmals aufkochen. Mit Frischhaltefolie abgedeckt auskühlen lassen und kalt stellen.

4. Den Backofen auf 180 °C Umluft vorheizen und eine Springform einfetten. Den Mürbeteig ohne Rand, nur als Platte in der entsprechenden Ringgröße (4 mm Dicke) ausrollen und mit Backpapier und Hülsenfrüchten belegt 25 Minuten blindbacken.

5. Für den Schokoladenbiskuit die Ofentemperatur auf 170 °C reduzieren. Den Boden der Springform mit Backpapier auslegen. Die Kuvertüre hacken. Die Butter bei schwacher Hitze zerlassen. 3 Eier trennen. Die Eigelbe mit den übrigen ganzen Eiern verquirlen, die Eiweiße in eine Schüssel geben. Das Mehl mit dem Kakaopulver mischen.

6. Die Marzipanrohmasse und den Puderzucker in einer Schüssel mit den Quirlen des Handrührgeräts verrühren. Nach und nach die Eigelbmischung unterrühren, dabei darauf achten, dass keine Klümpchen entstehen. Die Eiweiße in einer Schüssel mit den Quirlen des Handrührgeräts auf mittlerer Stufe steif schlagen, dabei nach und nach den Zucker einrieseln lassen. Etwa die Hälfte des Eischnees vorsichtig unter die Marzipan-Ei-Masse ziehen, dann die Mehlmischung und den restlichen Eischnee unterziehen. Zum Schluss zerlassene Butter und Kuvertüre unterheben.

7. Die Biskuitmasse in die Springform füllen und im vorgeheizten Ofen (Mitte) 40–45 Minuten backen. Aus dem Ofen nehmen und in der Form auskühlen lassen.

8. Die Kirsch-Chantilly in einer Küchenmaschine cremig aufschlagen. Den ausgekühlten Biskuit einmal waagerecht durchschneiden.

9. Den Tortenring um den Mürbeteigboden legen und mit 60 g Kirschkonfitüre bestreichen. Einen Biskuitboden darauflegen und leicht andrücken. Nun die Kirschen kreisförmig auf dem Biskuit verteilen. Die Torte etwa 10 Minuten in den Tiefkühler stellen. Nun etwa 225 g der aufgeschlagenen Chantilly daraufgeben und glatt streichen. Den zweiten Boden auflegen, leicht andrücken und die restliche Chantilly darauf verteilen und glatt streichen. Die Torte 2 Stunden kalt stellen.

10. Mit einem Messer von der Schokolade Späne abkratzen. Die Torte aus dem Ring lösen. Die Sahne in einer Schüssel mit den Quirlen des Handrührgeräts aufschlagen. ⅓ der Sahne in einen Spritzbeutel mit Sterntülle geben. Mit der restlichen Sahne die Torte komplett einstreichen. Mit der Sahne im Spritzbeutel als Stückgarnierung für die Tortenstücke je eine Rosette aufdressieren und mit einer frischen Kirsche garnieren. In der Mitte die Schokoladenspäne verteilen.

TIPP

Die von mir verwendeten Fruchtpürees sind meist in größeren Einheiten erhältlich. Sie können ganz einfach eingefroren und deshalb super lange verwendet werden. Zum Beispiel schmecken sie auch in Fruchtcocktails oder Eistee lecker.

FÜR DIE KIRSCH-CHANTILLY

1,5 (oder ¾) Blatt Gelatine
78 g weiße Kuvertüre
78 g Schlagsahne
15 g brauner Rohrzucker
Mark von ½ Vanilleschote
230 g Sahne
(oder Rama Cremefine zum Aufschlagen), kalt
50 g Kirschwasser

AUSSERDEM

1 Springform (Ø 20 cm)
Fett für die Form
getrocknete Hülsenfrüchte zum Blindbacken
Tortenring (Ø 20 cm)
60 g Kirschkonfitüre
300 g Schlagsahne
100 g dunkle Kuvertüre am Stück
Spritzbeutel mit Sterntülle
frische Kirschen

Schwarzwälder Kirschtorte
▸ Seite 24

Frankfurter Kranz
▸ Seite 28

FRANKFURTER KRANZ

Schwierigkeitsgrad: anspruchsvoll
Zubereitung: ca. 2 Std. + ca. 24 Std. Kühlzeit + Abkühlzeit
Backzeit: 30–35 Min.

Für 1 Kuchen

FÜR DEN BISKUIT

100 g Mehl
65 g Maisstärke
2,5 g Backpulver
5 Eier
140 g Zucker
35 g Butter

FÜR DIE BUTTERCREME

490 g Milch
Mark von 1 Vanilleschote
40 g Vanillepuddingpulver
70 g Zucker
350 g Butter, weich

FÜR DEN KROKANT

200 g gehackte Haselnüsse
250 g Zucker

FÜR DIE TRÄNKE

150 g Zucker
Mark von ½ Vanilleschote
30 g Cognac

1. Am Vortag für die Buttercreme die Milch mit dem Vanillemark in einem Topf aufkochen. Puddingpulver und Zucker mit 4 EL der lauwarmen Milch anrühren. Diese Mischung zur kochenden Milch geben und unter Rühren einmal aufkochen, sodass ein geschmeidiger Pudding entsteht. Mit Frischhaltefolie abgedeckt auskühlen lassen und kühl stellen.

2. Den Backofen auf 175 °C Umluft vorheizen. Die Form mit Butter einfetten und mit Mehl bestäuben, überschüssiges Mehl wieder aus der Form herausklopfen.

3. Für den Biskuit das Mehl mit Stärke und Backpulver mischen und sieben. Die Eier mit dem Zucker in einer Schüssel verrühren und über einem warmen Wasserbad aufschlagen. Anschließend die Masse in der Küchenmaschine auf mittlerer Stufe kalt schlagen. Inzwischen die Butter in einem kleinen Topf schmelzen. Die Mehlmischung zügig unter die kalte Eiermasse heben. Zum Schluss die Butter unterheben. Die Form zu ¾ mit Teig füllen und im vorgeheizten Ofen (Mitte) 30–35 Minuten goldbraun backen. Aus dem Ofen nehmen und auf einem Gitter auskühlen lassen.

4. Für die Tränke Zucker und Vanillemark mit 150 g Wasser in einem Topf aufkochen und auskühlen lassen. Anschließend den Cognac zugeben und verrühren.

5. Für den Krokant die Haselnüsse und den Zucker mit 100 g Wasser in einer Pfanne aufkochen und unter ständigem Rühren bei mittlerer Hitze einkochen, bis der Zucker trocken wird. Weiterrühren, bis der Zucker wieder leicht zu schmelzen beginnt und die Haselnüsse glänzend überzieht. Den heißen Krokant auf Backpapier geben und auskühlen lassen.

6. Für die Buttercreme die weiche Butter in der Küchenmaschine aufschlagen. Den abgekühlten Pudding zugeben und das Ganze zu einer geschmeidigen Buttercreme aufschlagen.

7. Die Preiselbeerkonfitüre einmal kräftig durchrühren und in einen Spritzbeutel füllen. Den ausgekühlten Biskuit aus der Form stürzen und zweimal waagerecht teilen, sodass drei Böden entstehen. Die Tränke auf den beiden unteren Böden verteilen. Auf den untersten Boden jeweils am äußeren und am inneren Rand einen Strang Buttercreme aufspritzen, die Mitte mit einem Strang Preiselbeerkonfitüre auffüllen. Den zweiten Boden aufsetzen und ebenso befüllen, zum Schluss den oberen gewölbten Boden aufsetzen. Die ausgetretene Buttercreme innen und außen abstreifen und den Kranz 1 Stunde im Kühlschrank kalt stellen. Die gekühlte Torte danach von innen und außen komplett mit Buttercreme einstreichen.

8. Die Innen- und Außenseite der mit Buttercreme überzogenen Torte gleichmäßig und flächendeckend mit einem Krokant-Mantel versehen. Die restliche Buttercreme in einen Spritzbeutel mit Sterntülle geben und als Stückgarnierung für zwölf Tortenstücke je eine Rosette aufdressieren und mit einer Preiselbeere garnieren.

AUSSERDEM

1 Frankfurter-Kranz-Form (Ø 22 cm)
Butter für die Form
Mehl für die Form
300 g Preiselbeerkonfitüre
2 Spritzbeutel mit Sterntülle
getrocknete Preiselbeeren (oder Cocktailkirschen)

TIPP

Um eine schöne glatte Oberfläche zu bekommen, nach dem Einstreichen ein längliches Stück Backpapier von der Kuppel aus seitlich anlegen und um den Kranz ziehen.

SCHWEINEOHREN

Schwierigkeitsgrad: anspruchsvoll
Zubereitung: ca. 20 Min. + ca. 20 Min. Kühlzeit + Abkühlzeit
Backzeit: 20–25 Min.

1. Für die Schweineohren wie ab Seite 208 beschrieben den Blätterteig vorbereiten. Anschließend den Teig auf einer gezuckerten Arbeitsfläche zu einer rechteckigen Teigplatte (etwa 4 mm Dicke) ausrollen. Die Platte ab und zu drehen, um auf jeder Seite ausreichend Zucker einzuarbeiten. Die Platte symmetrisch von beiden gegenüberliegenden Seiten zweimal einklappen. Die entstandene Rolle leicht andrücken und 20 Minuten in den Tiefkühler legen.

2. Den Backofen auf 220 °C Umluft vorheizen und zwei Backbleche mit Backpapier belegen. Mit einem scharfen Messer 2 cm breite Streifen schneiden. Die Streifen nochmals in Zucker wenden und je vier Stück mit der Schnittfläche nach oben auf Backpapier setzen. Dabei darauf achten, dass genug Abstand zwischen den Ohren liegt. Die Schweineohren im vorgeheizten Ofen (Mitte) 20–25 Minuten goldbraun backen. Aus dem Ofen nehmen und auf einem Gitter auskühlen lassen.

3. Nach Belieben die Zartbitterkuvertüre über einem warmen Wasserbad schmelzen und wie auf Seite 35 beschrieben temperieren. Die Schweineohrenspitzen in die Schokolade tauchen und auf einem Blech anziehen lassen.

Für 8–10 Stück

FÜR DEN BLÄTTERTEIG

40 g Butter
1 TL Salz
125 g Wasser
250 g Mehl

FÜR DIE ZIEHBUTTER

160 g Butter
50 g Mehl

AUSSERDEM

Mehl zum Verarbeiten
Zucker
300 g Zartbitterkuvertüre zum Temperieren (nach Belieben)

»Auch dieses Rezept habe ich seit der Lehre in meinem Repertoire. Ein echter Klassiker.«

SPLITTERBRÖTCHEN

Schwierigkeitsgrad: anspruchsvoll
Zubereitung: 80 Min. + 24 Std. Kühlzeit + 1 Std. Ruhezeit + Abkühlzeit
Backzeit: ca. 20 Min.

Etwa 9 Stück

FÜR DEN VORTEIG

1,5 g Frischhefe
100 g Mehl (Type 550)

FÜR DEN HAUPTTEIG

170 g Butter
10 g Frischhefe
45 g Milch, lauwarm
390 g Mehl (Type 550)
50 g Zucker
50 g Weizensauerteig (Fertigprodukt)
10 g Salz

FÜR DIE HONIGBUTTER

80 g Honig
80 g Butter
Mark von 1 Vanilleschote
1 Prise Salz

AUSSERDEM

Hagelzucker

1. Am Vortag für den Vorteig die Hefe in 60 g Wasser auflösen und mit dem Mehl in einer Schüssel verrühren. Den Teig abgedeckt etwa 2 Stunden gehen lassen und auch abgedeckt in den Kühlschrank stellen.

2. Am nächsten Tag den Vorteig aus dem Kühlschrank nehmen und Raumtemperatur annehmen lassen. Ein Blech mit Backpapier belegen.

3. Für den Hauptteig die Butter zu einem 20 × 20 cm großen Quadrat ausrollen und kalt stellen. Die Hefe in der lauwarmen Milch auflösen. Mehl, Zucker, Hefemilch, Vorteig und Sauerteig mit dem Knethaken in der Küchenmaschine bei langsamer Geschwindigkeit 10 Minuten kneten. Dabei nach und nach 170 g Wasser zugeben. Das Salz zufügen und weitere 5 Minuten zu einem glatten Teig kneten. Den Teig zuerst zu einer Kugel formen, dann zu einem Rechteck ausrollen und in Frischhaltefolie gewickelt 30 Minuten kalt stellen.

4. Inzwischen für die Honigbutter alle Zutaten in einem kleinen Topf erhitzen, bis eine glänzende Masse entsteht.

5. Den Teig wie ab Seite 208 beschrieben tourieren, anstelle von zwei einfachen und zwei doppelten Touren, werden drei einfache Touren gegeben. Vor dem Falten bei der dritten Tour den Teig vorsichtig mit der zimmerwarmen Honigbutter bestreichen. Den Teig in Frischhaltefolie gewickelt nochmals 20 Minuten kalt stellen. Die restliche Honigbutter beiseitestellen.

6. Den Teig zu einem 20 × 20 cm großen Quadrat ausrollen. Mit einem scharfen Messer in neun gleich große Quadrate schneiden. In der Mitte jedes Teigquadrates eine Diagonale von 2–3 cm schneiden. Zwei gegenüberliegende Ecken von unten durch die Öffnung drücken. Die Teiglinge mit Abstand auf das Backblech legen und vorsichtig in eine leicht runde Form drücken. Die Brötchen abgedeckt nochmals 1 Stunde ruhen lassen.

7. Den Backofen auf 200 °C vorheizen. Die Brötchen leicht mit der aufbewahrten zimmerwarmen Honigbutter bestreichen, mit Hagelzucker bestreuen und im vorgeheizten Ofen (Mitte) 15–20 Minuten goldbraun backen.

FLORENTINER

Schwierigkeitsgrad: einfach
Zubereitung: ca. 35 Min. + Abkühlzeit
Backzeit: ca. 19 Min.

Für 7 Stück à 60 g

75 g Butter
60 g Schlagsahne
50 g Buchweizenhonig
150 g Zucker
Mark von 1 Vanilleschote
1 Msp. gemahlener Zimt
120 g Mandelblättchen

AUSSERDEM

1 Silikonform/Florentiner-Blech (Ø 10 cm)
Fleur de sel
Zartbitterkuvertüre
Digitales Küchenthermometer
gezackte Teigkarte

1. Den Backofen auf 200 °C vorheizen.

2. Die Butter mit Sahne, Buchweizenhonig, Zucker, Vanillemark und Zimt in einem Topf auf 113 °C kochen, dabei die Temperatur mit einem Küchenthermometer kontrollieren. Den Topf vom Herd nehmen, die Mandelblättchen zum Zuckersirup geben und vermengen. Je 60 g der Zucker-Mandel-Masse in die Form geben und im vorgeheizten Ofen (Mitte) etwa 19 Minuten goldgelb backen. Nach dem Backen mit etwas Fleur de sel bestreuen und auskühlen lassen.

3. Die Kuvertüre temperieren. Dazu die Kuvertüre klein hacken und ⅔ davon über einem warmen Wasserbad schmelzen, bis sie vollständig aufgelöst ist. Die Schüssel vom Wasserbad nehmen und die restliche Kuvertüre zugeben. Die Schokolade so lange verrühren, bis alles aufgelöst ist. Mit dem Thermometer die Temperatur prüfen. Die optimale Verarbeitungstemperatur liegt bei 31 °C. Eventuell die Schüssel nochmals kurz auf dem Wasserbad erwärmen.

4. Die ausgekühlten Florentiner mit dem Boden in die temperierte Kuvertüre tunken und mit einer Palette glatt streichen. Mit der Schokoladenseite nach oben auf ein mit Backpapier belegtes Blech setzen und die Kuvertüre anziehen lassen. Anschließend die Florentiner nochmals in Kuvertüre tunken und mit einer gezackten Teigkarte wellenförmig darüberziehen. Danach die Florentiner erneut mit der Schokoladenseite nach oben auf ein mit Backpapier belegtes Blech legen und die Kuvertüre vollständig anziehen lassen.

TIPP

Für meine Florentiner habe ich Buchweizenhonig verwendet, er hat eine ganz besondere, getreideartige Aromatik, die dem Gebäck eine spezielle Note verleihen. Natürlich kann man auch anderen Honig nehmen. Einfach mal ausprobieren.

ENGADINER NUSSTORTE

Schwierigkeitsgrad: einfach
Zubereitung: ca. 45 Min. + ca. 12 Std. Kühlzeit + Abkühlzeit
Backzeit: 35–40 Min.

Für 1 Torte

FÜR DEN TEIG

200 g Butter, plus mehr für die Form
200 g Puderzucker
500 g Mehl, plus mehr zum Verarbeiten
100 g Ei
20 g Eigelb
Mark von ½ Vanilleschote
Abrieb von ½ Bio-Zitrone

FÜR DIE FÜLLUNG

500 g Zucker
500 g Schlagsahne, warm
50 g Honig
1 Tonkabohne, gerieben
1 g gemahlener Zimt
Mark von 2 Vanilleschoten
500 g Walnüsse
50 g Zartbitterkuvertüre, grob gehackt

AUSSERDEM

1 Tarteform (Ø 28 cm)
Digitales Küchenthermometer

1. Den Backofen auf 180 °C Umluft vorheizen. Die Tarteform mit Butter einfetten.

2. Für den Teig Butter und Puderzucker in der Küchenmaschine verkneten. Mit den restlichen Zutaten zu einem glatten Teig verarbeiten. Den Teig zu einer Kugel formen, flach drücken und in Frischhaltefolie gewickelt 30 Minuten kühl stellen.

3. Den Teig in zwei Hälften teilen und beide auf einer leicht bemehlten Arbeitsfläche ausrollen (4 mm Dicke). Die eine Teighälfte in die Form geben und gut andrücken, anschließend 30 Minuten in den Tiefkühler stellen. Die zweite Teighälfte mit Frischhaltefolie abdecken und kühl stellen.

4. Für die Füllung den Zucker in einer Pfanne hell karamellisieren. Den Karamell mit etwas warmer Sahne ablöschen und dann die restliche Sahne mit dem Honig zugeben. Die Karamell-Sahne-Mischung auf 115 °C kochen, dabei die Temperatur mit einem Küchenthermometer kontrollieren. Die restlichen Zutaten zugeben, zu einer homogenen Masse verrühren und ein wenig abkühlen lassen.

5. Den Walnuss-Karamell auf den Teigboden geben und gleichmäßig verteilen. Den Teigrand mit etwas Wasser bestreichen und den Teigdeckel vorsicht aufsetzen. Mit einer Gabel den Teigrand gut andrücken und den Deckel mit einer Gabel mehrmals einstechen. Im vorgeheizten Ofen (Mitte) 35–40 Minuten goldbraun backen. Aus dem Ofen nehmen, auf einem Gitter auskühlen lassen und über Nacht kühl stellen.

TIPP

Durchgekühlt lässt sich die Engadiner Nusstorte am nächsten Tag besser schneiden.

SCHWEIZER BATZEN

Schwierigkeitsgrad: einfach
Zubereitung: ca. 10 Min. + Abkühlzeit
Backzeit: 8–10 Min.

Für 25–30 Stück

FÜR DEN TEIG

125 g gemahlene Haselnüsse
250 g Zucker
90 g Eiweiß
1 Prise Salz

AUSSERDEM

Universalzerkleinerer
Spritzbeutel mit Lochtülle
Zucker

1. Den Backofen auf 180 °C Umluft vorheizen. Ein Blech mit Backpapier belegen.

2. Für den Teig die gemahlenen Haselnüsse und 125 g Zucker in einem Universalzerkleinerer fein mixen. Anschließend mit dem Schneebesen in der Küchenmaschine verrühren. Den restlichen Zucker (125 g) mit Eiweiß und Salz nach und nach zugeben. Die Masse leicht aufschlagen und in einen Spritzbeutel füllen.

3. Auf das Backpapier 2–3 cm große Taler spritzen, mit Zucker bestreuen und im vorgeheizten Ofen (Mitte) 8–10 Minuten backen.

»Mit ihren vier Zutaten sind diese super einfachen Cookies eines der Lieblingsrezepte meiner Sous-Chefin Ursina Caluori. Danke für dieses Rezept!«

OSTERKUCHEN

Schwierigkeitsgrad: einfach
Zubereitung: ca. 50 Min. + ca. 2 Std. Kühlzeit + Abkühlzeit
Backzeit: 20–25 Min.

Für 1 Kuchen

FÜR DEN MÜRBETEIG

150 g Butter, weich
100 g Puderzucker
1 Ei
Mark von ½ Vanilleschote (nach Belieben)
1 Prise Salz
250 g Mehl
30 g blanchierte, gemahlene Mandeln

FÜR DEN MILCHREIS

375 g Milch
45 g Risottoreis (Carnaroli)
10 g Butter
1 Prise Salz
Mark von 1 Vanilleschote
Abrieb von 1 Bio-Orange
40 g Ei
45 g Zucker
25 g blanchierte, gemahlene Mandeln
25 g Nussbutter, flüssig

AUSSERDEM

1 Tarteform (Ø 22 cm; mind. 2 cm Ringhöhe)
Fett für die Form
getrocknete Hülsenfrüchte zum Blindbacken
Puderzucker (nach Belieben)

1. Für die Tarte den Mürbeteig wie auf Seite 211 vorbereiten und die Tarte blindbacken.

2. Für den Milchreis die Milch in einem Topf aufkochen. Risottoreis, Butter, Salz, Vanillemark und Orangenabrieb zugeben und verrühren. Die Temperatur auf mittlere Hitze reduzieren. Den Reis 25–35 Minuten unter ständigem Rühren köcheln lassen, bis er weich ist und eine sämige Konsistenz aufweist. Von der Herdplatte ziehen, abgedeckt auskühlen lassen und einige Stunden kalt stellen.

3. Den Backofen auf 165 °C Umluft vorheizen.

4. Ei und Zucker mit den Quirlen des Handrührgerätes aufschlagen. Mandeln und Nussbutter unter die Eimasse heben und zum Schluss den abgekühlten Milchreis zugeben. Die Milchreis-Masse auf den Tarteboden gießen und gleichmäßig verstreichen. Im vorgeheizten Ofen (Mitte) 20–25 Minuten backen. Aus dem Ofen nehmen und auf einem Kuchengitter auskühlen lassen. Nach Belieben mit Puderzucker bestreuen.

FACT

Der sogenannte »Schweizer Osterchüechli« ist ein echtes Unikat, das so nur in der Schweiz an Ostern gebacken wird. Das Rezept variiert, der Boden kann zum Beispiel aus Blätter- oder Mürbeteig sein, die Füllung aus Grieß oder Milchreis. Ich habe mich für Letzteren entschieden – aber ohne Rosinen.

ZUGER KIRSCHTORTE

Schwierigkeitsgrad: anspruchsvoll
Zubereitung: ca. 1 Std. + ca. 1 Std. Kühlzeit + Abkühlzeit
Backzeit: ca. 30 Min.

Für 1 Torte

FÜR DEN BISKUIT

90 g Mehl
35 g gemahlene Mandeln
35 g Butter
3 Eier
100 g Zucker

FÜR DEN JAPONAISE

135 g Eiweiß
185 g Zucker
135 g gemahlene Mandeln

FÜR DIE TRÄNKE

80 g Zucker
60 g Kirschwasser

FÜR DIE BUTTERCREME

200 g Butter, zimmerwarm
120 g Puderzucker
Mark von 2 Vanilleschoten
40 g Kirschsaft
20 g Kirschwasser

AUSSERDEM

1 Springform (Ø 26 cm)
Mandelblättchen, geröstet
Puderzucker

1. Für den Biskuit den Ofen auf 180 °C Umluft vorheizen. Mehl und gemahlene Mandeln in einer Schüssel mischen. Die Butter in einem kleinen Topf schmelzen. Den Boden der Springform mit Backpapier auslegen. Eier und Zucker in einer Metallschüssel verquirlen und über einem Wasserbad warm schlagen. Anschließend mit den Quirlen des Handrührgeräts die Masse kalt schlagen, bis sie hell ist. Die Mehlmischung unter die Masse heben und zum Schluss die Butter zugeben und verrühren. Die Masse in die Springform füllen und im vorgeheizten Ofen (Mitte) 15–20 Minuten goldbraun backen. Aus dem Ofen nehmen und auskühlen lassen.

2. Für den Japonaise die Temperatur des Ofens auf 180 °C Umluft belassen. Auf zwei Backpapieren mithilfe der Springform je einen Kreis aufzeichnen und das Papier umdrehen. Das Eiweiß mit 50 g Zucker in der Küchenmaschine steif schlagen. Den restlichen Zucker (135 g) und die gemahlenen Mandeln unterheben. Die Masse gleichmäßig auf die zwei Backpapiere mit den aufgezeichneten Kreisen verteilen, glatt streichen und 12–15 Minuten goldbraun backen. Aus dem Ofen nehmen und auskühlen lassen. Die Böden auf die Größe der Springform zurechtschneiden.

3. Für die Tränke 80 g Wasser mit dem Zucker aufkochen und abkühlen lassen. Das Kirschwasser zugeben und mischen.

4. Für die Buttercreme die Butter mit Puderzucker und Vanillemark in der Küchenmaschine aufschlagen, bis die Masse weiß ist. Den Saft und das Kirschwasser nach und nach unter Rühren zugießen.

»Als ich diese Torte zum ersten Mal serviert bekam, dachte ich: »Das Ding kann keiner essen.« Durch die hochprozentige Tränke ähnelte es eher einem Schnäpschen als einem Kuchen. Ich habe es nach meinem Geschmack abgewandelt …«

5. Für das Zusammensetzen der Torte zuerst einen Japonaiseboden in den Ring geben und etwa 100 g Buttercreme darauf verteilen. Den Biskuit daraufsetzen und mit der Tränke gleichmäßig tränken. Erneut eine Schicht von 100 g Buttercreme aufstreichen, darauf den zweiten Japonaiseboden einlegen. Die Torte mindestens 1 Stunde in den Kühlschrank stellen und mit dem Rest der Creme die Seiten und die Oberfläche der Torte einstreichen. An den Rand die Mandelblättchen drücken. Die Oberseite dick mit Puderzucker bestäuben und mithilfe eines langen Messers das klassische Rautenmuster einzeichnen.

TIPP

Am besten schmeckt die Torte am nächsten Tag, wenn sie gut durchgezogen ist.

HEFEZOPF

Schwierigkeitsgrad: einfach
Zubereitung: ca. 20 Min. + ca. 1 Std. Kühlzeit + 30 Min. Ruhezeit + Abkühlzeit
Backzeit: 35–40 Min.

Für 1 Zopf

FÜR DEN TEIG

42 g Frischhefe
280 g Milch, kalt
520 g Zopfmehl
50 g Zucker
2 g Salz
70 g Butter
Mark von 1 Vanilleschote
20 g Honig

FÜR DIE EISTREICHE

30 g Milch
1 Ei

AUSSERDEM

Backpinsel
Hagelzucker (nach Belieben)

1. Für den Teig die Hefe in der kalten Milch auflösen und mit den restlichen Zutaten mit dem Knethaken in der Küchenmaschine 5 Minuten auf niedrigster Stufe kneten. Im Anschluss 10 weitere Minuten auf mittlerer Stufe kneten, bis ein glatter und geschmeidiger Teig entstanden ist. Den Teig zu einer Kugel formen und feucht abgedeckt in einer Schüssel 1 Stunde kalt stellen.

2. Ein Backblech mit Backpapier belegen. Den Teig dritteln und zu drei langen Strängen formen. Diese am oberen Ende zusammenlegen. Zu Beginn des Flechtens zwei Stränge rechts und einen Strang links auf den Tisch legen. Dann den Außenstrang rechts innen an den linken Strang legen, sodass er zum linken Innenstrang wird. Den linken Außenstrang dann an die rechte Innenseite legen. Nun abwechselnd mit dem rechten oder mit dem linken Strang den Zopf zu Ende flechten. Die Enden oben und unten unter den Zopf falten und andrücken.

3. Den Zopf auf dem Blech abgedeckt 30 Minuten an einem warmen Ort ruhen lassen.

4. Inzwischen den Backofen auf 175 °C Umluft vorheizen. Für die Eistreiche Milch und Ei verrühren. Den Zopf mit der Eistreiche einpinseln und nach Belieben mit Hagelzucker bestreuen.

5. Im vorgeheizten Ofen (Mitte) 35–40 Minuten goldbraun backen. Aus dem Ofen nehmen und auf einem Gitter auskühlen lassen.

BRUNSLI

Schwierigkeitsgrad: einfach
Zubereitung: ca. 15 Min. + ca. 12 Std. Ruhezeit + Abkühlzeit
Backzeit: 10–14 Min.

Für ca. 20 Stück

FÜR DEN TEIG

85 g dunkle Schokoladenspäne
20 g Kakaopulver
210 g gemahlene Mandeln
75 g Zucker, plus mehr zum Verarbeiten
10 g brauner Rohrzucker
2 g gemahlener Zimt
Mark von ½ Vanilleschote
2 Eiweiß
2 EL Kirschwasser

AUSSERDEM

Keksausstecher

1. Für den Teig die trockenen Zutaten in einer Schüssel mischen. Die Eiweiße mit einem Schneebesen leicht aufschlagen, mit dem Kirschwasser zu den trockenen Zutaten geben und leicht verkneten, bis ein Teig mit weicher Konsistenz entsteht.

2. Ein Blech mit Backpapier belegen. Die Arbeitsfläche mit Zucker bestreuen. Den Teig ausrollen (8 mm Dicke) und mit einem Ausstecher Kekse herstellen. Auf das vorbereitete Blech legen und abgedeckt über Nacht antrocknen lassen.

3. Den Backofen auf 140 °C vorheizen und die Brunsli 10–14 Minuten darin backen, sodass sie innen noch eine weiche Konsistenz aufweisen. Aus dem Ofen nehmen und auf einem Kuchengitter auskühlen lassen.

FACT

Die Basler Brunsli sind ein echter Weihnachtsklassiker im Hotel Dolder. Sie wurden nach ihrer schokoladigen Farbe benannt und das älteste Rezept kennt man seit dem 18. Jahrhundert. Wenn es sie so immer noch gibt, müssen diese Kekse besonders lecker sein …

KAISERSCHMARRN

Schwierigkeitsgrad: leicht
Zubereitung: ca. 20 Min.
Backzeit: 30–35 Min.

Für 4 Personen

FÜR DEN TEIG

2 Eigelb
200 g Milch
Mark von 1 Vanilleschote
120 g Mehl
70 g Zucker
3 Eiweiß
100 g Rosinen, in Rum eingelegt
50 g Mandelblättchen

AUSSERDEM

1 ofenfeste Pfanne (Ø 21 cm)
Butter
Butterflocken
Puderzucker zum Karamellisieren und Bestäuben (nach Belieben)

1. Den Backofen auf 160 °C vorheizen.

2. Für den Teig die Eigelbe mit Milch und Vanillemark in einer Schüssel verrühren. Das Mehl mit 30 g Zucker zugeben und mit dem Schneebesen zu einem glatten Teig verrühren, 10 Minuten quellen lassen. Die Eiweiße mit dem restlichem Zucker (40 g) mit den Quirlen des Handrührgeräts steif schlagen. Den Eischnee vorsichtig unter den Teig heben. Zum Schluss Rosinen und Mandeln vorsichtig unterheben.

3. Die Pfanne mit etwas Butter einfetten und die Masse gleichmäßig darin verteilen. Im vorgeheizten Ofen (Mitte) 30–35 Minuten backen.

4. Den Kaiserschmarrn mit zwei Pfannenwendern in Stücke teilen. Butterflocken und Puderzucker darüber verteilen und den Schmarrn ein paar Minuten karamellisieren. Nach Belieben vor dem Servieren mit Puderzucker bestreuen.

»Zum Kaiserschmarrn brauche ich sicher nicht viel zu sagen – getoppt wird er nur durch eine Kugel Vanilleeis als Begleitung.«

ESTERHÁZY

Schwierigkeitsgrad: anspruchsvoll
Zubereitung: ca. 90 Min. + ca. 24 Std. Kühlzeit + Abkühlzeit
Backzeit: 10–11 Min.

Für 1 Torte

FÜR DEN HASELNUSS-BISKUIT

160 g gemahlene Haselnüsse
35 g Mehl
7 Eiweiß
175 g Puderzucker
1 Tonkabohne, gerieben
Mark von 1 Vanilleschote
1 Prise Salz

FÜR DIE DEUTSCHE BUTTERCREME

30 g Eigelb
12 g Maisstärke
100 g Milch
100 g Schlagsahne
Mark von 2 Vanilleschoten
30 g Zucker
240 g Butter, zimmerwarm
40 g Cognac

AUSSERDEM

Aprikosenkonfitüre
Mandelblättchen, geröstet
Flüssigfondant
Kakaopulver
Spritztüte

1. Am Vortag für die Buttercreme Eigelb und Maisstärke in einer Schüssel mit dem Schneebesen verrühren. Die Milch mit Sahne, Vanillemark und Zucker in einem Topf unter ständigem Rühren aufkochen. Die kochende Milchmischung nach und nach unter Rühren zur Eigelbmischung gießen. Die Masse zurück in den Topf geben, nochmals kurz unter Rühren aufkochen und andicken lassen. Den Pudding durch ein Sieb in eine Schüssel streichen, mit Frischhaltefolie bedeckt abkühlen lassen und über Nacht in den Kühlschrank stellen.

2. Am nächsten Tag den Backofen auf 190 °C Umluft vorheizen. Aus Backpapier sechs Kreise (Ø je 20 cm) ausschneiden und umgedreht auf ein Backblech legen.

3. Für den Haselnussbiskuit die gemahlenen Haselnüsse mit dem Mehl in einer Schüssel vermischen. Die Eiweiße mit dem Puderzucker in einer Schüssel mit den Quirlen des Handrührgeräts auf mittlerer Stufe steif schlagen. Geriebene Tonkabohne, Vanillemark und Salz zugeben und unterrühren. Zum Schluss die Haselnussmischung vorsichtig mit einem Teigschaber unterheben.

4. Die Haselnussmasse (etwa 90 g) gleichmäßig auf den Backpapier-Kreisen verteilen und glatt streichen. Im vorgeheizten Ofen (Mitte) 10–11 Minuten backen. Die Böden aus dem Ofen nehmen, sofort auf ein Schneidbrett stürzen und das Backpapier vorsichtig abziehen. Die Haselnussböden abkühlen lassen.

5. Für die Buttercreme die Butter aufschlagen, bis sie weiß ist. Den gut gekühlten Vanillepudding nach und nach einrühren. Zum Schluss mit dem Cognac abschmecken.

6. Fünf der Böden mit der Creme bestreichen und aufeinandersetzen, dabei etwas Creme für den Rand aufbewahren. Den sechsten Tortenboden mit der Unterseite nach oben auf die Torte legen, die Aprikosenkonfitüre leicht erwärmen und die Oberseite damit bestreichen. Den Fondant leicht erwärmen und 2–3 EL davon zur Seite stellen. Den warmen Fondant über den mit Konfitüre bestrichenen Boden gießen und mit einer Palette glatt streichen. Den restlichen Fondant mit etwas Kakaopulver verrühren und in eine Spritztüte füllen. Damit im Abstand von 2 cm konzentrische Kreise ziehen. Mit einem Messerrücken sofort im gleichen Abstand wechselseitig zueinander Querstreifen ziehen. Den Tortenrand mit der restlichen Buttercreme bestreichen und mit gerösteten Mandelblättchen bestreuen.

MOHNSTRIEZEL

Schwierigkeitsgrad: leicht
Zubereitung: ca. 45 Min. + ca. 12 Std. Kühlzeit + 15 Min. Ruhezeit + Abkühlzeit
Backzeit: ca. 40 Min.

Für 1 Striezel

FÜR DEN TEIG

25 g Zucker
250 g Mehl, plus mehr zum Verarbeiten
21 g Frischhefe
125 g Milch
2,5 g Salz
Mark von ½ Vanilleschote
50 g Butter
½ TL Honig

FÜR DIE STREUSEL

50 g Mehl
50 g Zucker
40 g Butter
Mark von ½ Vanilleschote
1 g Salz

FÜR DIE MOHNMASSE

140 g Milch
10 g Zucker
25 g Marzipanrohmasse
Mark von ½ Vanilleschote
10 g Honig
50 g gemahlener Mohn
8 g Maisstärke
25 g Ei

AUSSERDEM

Eiweiß
Aprikosenkonfitüre
Flüssigfondant
Puderzucker

1. Für den Teig alle Zutaten mit dem Knethaken in der Küchenmaschine zuerst 5 Minuten auf langsamer Stufe kneten und im Anschluss 8 Minuten auf schneller Stufe kneten. Den Teig zu einem Ball formen und in einer Schüssel abgedeckt über Nacht kühl stellen.

2. Für die Streusel die Zutaten vermischen und mit den Händen oder den Knethaken des Handrührgeräts zu Streuseln verarbeiten.

3. Für die Mohnmasse 100 g Milch mit Zucker, Marzipan, Vanillemark und Honig aufkochen und mit einem Schneebesen glatt arbeiten. Den Mohn zugeben und die Masse unter Rühren nochmals aufkochen. Die restliche Milch (40 g) mit Stärke und Ei verrühren, unter Rühren zur Mohnmasse geben und erneut aufkochen. Die Masse mit Frischhaltefolie abdecken, auskühlen lassen und im Anschluss kalt stellen.

4. Den Teig auf eine bemehlten Arbeitsfläche geben und zu einem Rechteck (4–5 mm Dicke) ausrollen. Die Mohnmasse auf den Teig geben und gleichmäßig verstreichen. Den Teig von der langen Seite her aufrollen und der Länge nach in der Mitte halbieren. Die beiden Teigstränge verwinden und auf ein mit Backpapier ausgelegtes Blech legen. Den Zopf abgedeckt an einem warmen Ort 15 Minuten gehen lassen.

5. Inzwischen den Backofen auf 175 °C vorheizen.

6. Den Mohnstriezel mit Eiweiß bestreichen, die Streusel gleichmäßig auf dem Teig verteilen und im vorgeheizten Ofen (Mitte) etwa 40 Minuten backen. Aus dem Ofen nehmen und auskühlen lassen.

7. Die Aprikosenkonfitüre in einem Topf aufkochen und mit einem Pinsel den Striezel dünn bestreichen. Anschließend den Fondant leicht erwärmen und ebenfalls mit einem Pinsel aufstreichen. Vor dem Servieren mit Puderzucker bestäuben.

KARDINALSCHNITTE

Schwierigkeitsgrad: anspruchsvoll
Zubereitung: ca. 80 Min. + ca. 24 Std. Kühlzeit + Abkühlzeit
Backzeit: ca. 70 Min.

Für 1 Schnitte

FÜR DEN BISKUIT

4 Eigelb
2 Eier
65 g Zucker
1 Prise Salz
80 g Mehl

FÜR DEN BAISER

4 Eiweiß
150 g Zucker
1 Prise Salz
100 g Puderzucker, gesiebt

FÜR DIE KAFFEE-CHANTILLY

2 (oder 1) Blatt Gelatine
125 g Sahne
35 g Rohrzucker
20 g lösliches Kaffeepulver
Mark von ½ Vanilleschote
125 g weiße Kuvertüre
375 g Sahne
(oder Rama Cremefine
zum Aufschlagen), kalt

AUSSERDEM

Spritzbeutel mit
Lochtülle (Ø 12 mm)
Spritzbeutel mit
Lochtülle (Ø 15 mm)
250 g Preiselbeerkonfitüre
Puderzucker

1. Am Vortag für die Kaffee-Chantilly die Gelatine (2 Blatt bei Verwendung von Sahne, 1 Blatt bei Verwendung von Rama Cremefine) 5 Minuten in kaltem Wasser einweichen. Die Sahne mit Rohrzucker, Kaffeepulver und Vanillemark in einem Topf zum Kochen bringen. Die eingeweichte Gelatine ausdrücken und darin auflösen. Die Kuvertüre klein hacken, mit der heißen Sahne übergießen und alles mit dem Stabmixer zu einer glänzenden Masse verarbeiten. Die kalte Sahne (oder Rama Cremefine) in die Masse emulgieren. Die Chantilly abgedeckt über Nacht kalt stellen.

2. Den Backofen auf 140 °C vorheizen. Ein Backblech mit Backpapier belegen.

3. Für den Baiser Eiweiße, Zucker und Salz mit den Quirlen des Handrührgeräts steif schlagen. Den Puderzucker unterheben und den Baiser in einen Spritzbeutel mit Lochtülle (Ø 12 mm) füllen.

4. Für den Biskuit Eigelbe, Eier, Zucker und Salz mit den Quirlen des Handrührgeräts steif schlagen. Das Mehl unterheben und die Masse in einen Spritzbeutel mit Lochtülle (Ø 15 mm) füllen.

5. Auf das Backpapier aus dem Baiser mit dem Spritzbeutel drei einzelne Streifen auftragen, dabei Abstände von knapp 2 cm freihalten. In die freien Zwischenräume zwei Streifen der Biskuitmasse spritzen. Diesen Vorgang daneben noch einmal auf dem Blech wiederholen. Im vorgeheizten Ofen (Mitte) etwa 1 Stunde und 10 Minuten backen. Aus dem Ofen nehmen und auskühlen lassen.

6. Die gekühlte Chantilly mit den Quirlen des Handrührgeräts aufschlagen. Auf einen Biskuit-Baiser-Streifen die eine Hälfte der Preiselbeerkonfitüre geben und vorsichtig verstreichen. Die Chantilly daraufgeben und gleichmäßig verteilen. Den zweiten Biskuit-Baiser-Streifen auf der unteren Seite mit der restlichen Konfitüre bestreichen, auf die Creme setzen und leicht andrücken. Die Schnitte 24 Stunden kühl stellen. Nach Belieben mit Puderzucker bestreuen.

TIPP

Wenn die Torte einen Tag gekühlt und durchgezogen ist, lässt sie sich besser schneiden.

LINZER TORTE

Schwierigkeitsgrad: leicht
Zubereitung: ca. 30 Min. + 24 Std. Kühlzeit
Backzeit: ca. 35 Min.

Für 1 Torte

FÜR DEN TEIG

150 g Mehl
150 g gemahlene Haselnüsse
1,5 EL Kakaopulver (20 g)
1,5 TL gemahlener Zimt
⅓ TL gemahlene Nelken
150 g Butter
150 g Zucker
75 g Ei
10 g Kirschwasser

AUSSERDEM

1 Springform (Ø 21 cm)
Butter für die Form
150 g Johannisbeerkonfitüre, plus mehr für den Rand
Haselnussblättchen, geröstet

1. Für den Teig das Mehl mit Haselnüssen, Kakaopulver, Zimt und Nelken in einer Schüssel verrühren. Butter und Zucker mit den Quirlen des Handrührgeräts verrühren. Die Eier zugeben und weiterrühren. Anschließend die Mehlmischung unterrühren und zum Schluss das Kirschwasser zugeben. Den glatten Teig in Frischhaltefolie wickeln und 30 Minuten kalt stellen.

2. Den Backofen auf 175 °C vorheizen. Die Springform mit Butter einfetten.

3. Anschließend ¾ des Teiges gleichmäßig ausrollen und den Boden der Form damit auslegen, dabei einen 2 cm hohen Rand formen. Den restlichen Teig (2 mm Dicke) ausrollen und in 1 cm breite Streifen schneiden. Die Konfitüre auf dem Teigboden verteilen. Die Teigstreifen gitterartig darüberlegen und am Rand leicht andrücken.

4. Den Kuchen im vorgeheizten Ofen (Mitte) 35 Minuten backen. Dann in der Form etwas abkühlen lassen und zum völligen Erkalten auf ein Kuchengitter legen. Den Rand des Kuchens mit etwas Johannisbeerkonfitüre bestreichen und die Haselnussblättchen darauf verteilen. Den Kuchen vor dem Servieren mindestens 24 Stunden kühl stellen.

TIPP

Je länger die Linzer Torte durchzieht, desto besser ihr Geschmack. Diese Torte kann man super einige Wochen im Voraus vorbereiten.

MALAKOFF-TORTE

Schwierigkeitsgrad: anspruchsvoll
Zubereitung: ca. 90 Min. + min. 24 Std. Kühlzeit + Abkühlzeit
Backzeit: 12–15 Min.

Für 1 Torte

FÜR DEN MÜRBETEIG

150 g Butter, weich
100 g Puderzucker
1 Ei
Mark von ½ Vanilleschote (nach Belieben)
1 Prise Salz
250 g Mehl, plus mehr zum Verarbeiten
30 g blanchierte, gemahlene Mandeln

FÜR DIE LÖFFELBISKUITS

3 Eier
60 g Mehl
60 g Maisstärke
90 g Zucker, plus mehr zum Bestreuen

1. Am Vortag für die Vanille-Rum-Chantilly die Gelatine (2 Blatt bei Verwendung von Sahne, 1 Blatt bei Verwendung von Rama Cremefine) 5 Minuten in kaltem Wasser einweichen. Die Sahne in einem Topf zum Kochen bringen. Die eingeweichte Gelatine ausdrücken und darin auflösen. Die weiße Kuvertüre klein hacken, mit der heißen Sahne übergießen und alles mit einem Kochlöffel zu einer glänzenden Masse verrühren. Mit einem Stabmixer die kalte Sahne (oder Rama Cremefine) und den Rum in die Masse emulgieren. Die Chantilly abgedeckt auskühlen lassen und kalt stellen.

2. Den Mürbeteig wie auf Seite 211 beschrieben vorbereiten.

3. Den Backofen auf 200 °C Umluft vorheizen. Auf Backpapier einen Kreis (Ø 20 cm) zeichnen und umgedreht auf ein Backblech legen. Ein weiteres Blech mit Backpapier belegen.

4. Für die Löffelbiskuits die Eier trennen. Das Mehl mit der Stärke vermischen. Eiweiße und 75 g Zucker mit den Quirlen des Handrührgeräts zu Eischnee schlagen. Die Eigelbe mit dem restlichen Zucker (15 g) mit den Quirlen des Handrührgeräts für einige Minuten aufschlagen. Den Eischnee vorsichtig unter die Eimasse heben. Zum Schluss die Mehlmischung zügig unterheben. Die Masse in einen Spritzbeutel mit Lochtülle füllen und spiralförmig auf den Backpapierkreis dressieren. Aus der restlichen Masse 5–6 cm lange Streifen auf das zweite Blech spritzen. Die Biskuits mit Zucker bestreuen.

5. Die Löffelbiskuits im vorgeheizten Ofen 8 Minuten (Streifen) und 12–15 Minuten (Boden) (Mitte) goldbraun backen. Aus dem Ofen nehmen und auf einem Gitter auskühlen lassen.

6. Die Ofentemperatur auf 180 °C reduzieren und eine Springform einfetten. Den Mürbeteig ohne Rand, nur als Platte in der entsprechenden Größe ausrollen (4 mm Dicke) und mit Backpapier und Hülsenfrüchten belegt 30 Minuten blindbacken. Zum weiteren Verarbeiten in der Springform belassen. Teigreste können gut eingefroren werden.

7. Für die Tränke alle Zutaten in einer Schüssel verrühren.

8. Die gekühlte Chantilly mit den Quirlen des Handrührgeräts aufschlagen. Auf den Mürbeteig 60 g Konfitüre verstreichen und den runden Löffelbiskuitboden daraufsetzen. Anschließend 110 g Tränke daraufgeben. 190 g der Chantilly auf dem getränkten Boden verteilen. Einen Teil der Löffelbiskuits anordnen und die restliche Tränke daraufgeben. Darauf wiederum 100 g Konfitüre verteilen, verstreichen und wieder mit 190 g Creme abdecken. Die Torte mit Frischhaltefolie abdecken und über Nacht durchziehen lassen.

9. Am nächsten Tag die Torte mit der restlichen Konfitüre und Creme einstreichen, sodass eine Marmoroptik entsteht. Die übrigen Löffelbiskuits mittig schräg halbieren. Die Zartbitterkuvertüre über einem Wasserbad schmelzen und temperieren (s. S. 35). Die Löffelbiskuits bis zur Hälfte in die Kuvertüre tauchen, auf Backpapier legen und anziehen lassen. Die getauchten Löffelbiskuits kreisförmig auf der Torte verteilen.

FÜR DIE VANILLE-RUM-CHANTILLY

2 (oder 1) Blatt Gelatine
100 g Schlagsahne
100 g weiße Kuvertüre
300 g Schlagsahne (oder Rama Cremefine zum Aufschlagen), kalt
32 g Rum (Stroh 80)

FÜR DIE TRÄNKE

250 g Läuterzucker
50 g Wasser
Mark von 1 Vanilleschote

AUSSERDEM

Spritzbeutel mit Lochtülle (Ø 10 mm)
1 Springform (Ø 20 cm)
Fett für die Form
getrocknete Hülsenfrüchte zum Blindbacken
rote Johannisbeerkonfitüre
Zartbitterkuvertüre

Malakoff-Torte
▸ Seite 58

Dobos-Torte
‣ Seite 62

DOBOS-TORTE

Schwierigkeitsgrad: anspruchsvoll
Zubereitung: ca. 90 Min. + ca. 2 Std. Kühlzeit + Abkühlzeit
Backzeit: 8–10 Min.

Für 1 Torte

FÜR DEN BODEN

7 Eier
210 g Butter
42 g Puderzucker
140 g Zucker
140 g Mehl, gesiebt

FÜR DIE TRÄNKE

175 g Läuterzucker (s. Tipp)
10 g Kakaopulver
14 g Rum (Stroh 80)

FÜR DIE ITALIENISCHE BUTTERCREME

200 g Butter, zimmerwarm
160 g Zartbitterkuvertüre
180 g Zucker
3 Eiweiß
1 Prise Salz
2 EL Rum (Stroh 80)

1. Den Backofen auf 220 °C Umluft vorheizen. Die Backbleche mit Backpapier belegen.

2. Für den Boden die Eier trennen. Die Butter mit dem Puderzucker in einer Schüssel mit den Quirlen des Handrührgeräts auf mittlerer Stufe etwa 5 Minuten schaumig schlagen. Die Eigelbe nacheinander jeweils solange unterrühren, bis sich die Zutaten glatt verbunden haben. Eiweiße und Zucker in einer Schüssel mit den Quirlen des Handrührgeräts steif schlagen. Im Wechsel den Eischnee und das gesiebte Mehl mit einem Teigschaber unter die Buttermasse heben.

3. Die Sandmasse gleichmäßig auf den drei Blechen verteilen und im vorgeheizten Ofen (Mitte) 8–10 Minuten backen. Nach der Hälfte der Backzeit die Bleche tauschen, damit die Böden gleichmäßig bräunen.

4. Die Bleche aus dem Ofen nehmen, die Bodenplatten sofort auf ein Schneidebrett stürzen und das Backpapier vorsichtig abziehen. Anschließend in sieben Böden (10 × 34 cm) schneiden. Für die Tränke alle Zutaten sowie 35 g Wasser mit dem Schneebesen verrühren.

5. Für die italienische Buttercreme die Butter aufschlagen, bis sie weiß ist. Die Kuvertüre klein hacken und in einer Metallschüssel über einem heißen Wasserbad schmelzen lassen. Zucker und 50 g Wasser in einem Topf auf 118 °C erhitzen, dabei die Temperatur mit einem Zucker- oder Digitalen Küchenthermometer kontrollieren. Währenddessen die Eiweiße in der Küchenmaschine mit dem Schneebesenaufsatz auf mittlerer Stufe halbsteif schlagen. Den heißen Zuckersirup langsam in einem dünnen Strahl einlaufen lassen. Die Masse auf mittlerer bis hoher Stufe weiterschlagen, bis sie kalt ist. Anschließend den Eischnee nach und nach unter ständigem Rühren in die aufgeschlagene Butter geben, bis sie eine glatte homogene Konsistenz aufweist. Die geschmolzene Kuvertüre zugeben und glatt rühren. Das Salz zugeben. Zum Schluss mit Rum abschmecken.

6. Sechs Böden mit etwa 30 g Tränke pro Boden tränken. Diese mit jeweils 75 g Buttercreme bestreichen und aufeinandersetzen, dabei etwas Creme für den Rand aufbewahren. Den Tortenrand mit der restlichen Buttercreme bestreichen. Die Torte etwa 2 Stunden kalt stellen.

7. Den letzten Boden auf Backpapier legen. Für den Karamell ein wenig Zucker in einer Pfanne schmelzen. Den restlichen Zucker nach und nach zugeben und unter ständigem Rühren goldgelb schmelzen. Den Karamell über den Boden gießen und mit einer Palette glatt streichen. Die Glasur sollte dabei nicht über die Ränder fließen. Den Karamell ein wenig anziehen lassen. Den glasierten Boden mit einem geölten Messer zügig in gleichmäßige Dreiecke schneiden. Nach jedem Schnitt das Messer erneut mit Öl bestreichen, damit der warme Karamell nicht daran kleben bleibt. Die gekühlte Torte mit den glasierten Stücken belegen.

FÜR DEN KARAMELL

200 g Zucker

AUSSERDEM

3 Backbleche
Digitales Küchenthermometer

TIPP

Einen Teil Zucker mit einem Teil Wasser in einem Topf aufkochen. Vom Herd nehmen und auskühlen lassen. In einem Weckglas oder einem luftdicht verschlossenen Gefäß kühl gelagert, hält sich der Läuterzucker mehrere Wochen. Bleiben mal ausgekratzte Vanilleschoten übrig, kann man diese hinzugeben und dem Zucker so ein leckeres Vanillearoma verleihen. Nach Belieben zum Süßen verwenden.

NUSSKRAPFERL

Schwierigkeitsgrad: leicht
Zubereitung: ca. 15 Min. + Abkühlzeit
Backzeit: ca. 2 Min.

Für ca. 35 Stück

FÜR DEN TEIG

250 g Mehl, plus mehr zum Verarbeiten
100 g gemahlene Haselnüsse
3 Eier
70 g Zucker
8 g Backpulver
1 Prise Salz
15 g Honig
10 g Rum (Stroh 80)
50 g Quark
15 g Haselnussöl

AUSSERDEM

ovaler Ausstecher (Ø 4 cm)
Digitales Küchenthermometer
2 l Frittieröl
Zucker zum Wälzen

1. Für den Teig alle Zutaten in einer Schüssel mit den Quirlen des Handrührgeräts verrühren. Den Teig auf einer gut bemehlten Arbeitsfläche ausrollen (etwa 5 mm Dicke) und mit einem ovalen Ausstecher ausstechen.

2. Inzwischen das Frittieröl in einem hohen Topf auf 180 °C vorheizen, die Temperatur mit einem Küchenthermometer kontrollieren.

3. Die Teiglinge ins heiße Öl legen und beide Seiten goldgelb frittieren. Mit einer Schaumkelle herausheben, abtropfen lassen und zum Entfetten auf Küchenpapier legen. Die Nusskrapferln in Zucker wälzen.

TIPP

Die ungarischen Nusskrapferl erinnern leicht an den rheinischen Klassiker Mutzen, die zu Karneval und Silvester gegessen werden. Variieren kann man das Rezept, indem man den Rum zum Beispiel durch Kirschwasser oder Cognac ersetzt. Hauptsache hochprozentig.

LÁNGOS

Schwierigkeitsgrad: leicht
Zubereitung: ca. 15 Min. + ca. 45 Min. Ruhezeit + Abkühlzeit
Backzeit: ca. 4 Min.

Für 12 Stück

FÜR DEN TEIG

500 g Mehl
250 g Milch, warm
21 g Frischhefe
1 Prise Zucker
75 g Pflanzenöl
5 g Salz
1 Prise geriebene Muskatnuss
1 g getrockneter Majoran
1 g getrockneter Thymian

AUSSERDEM

2 l Frittieröl
Digitales Küchenthermometer
saure Sahne
ungarischer Honig
Pekannüsse und
Haselnüsse, geröstet

1. Für den Teig das Mehl in eine große Schüssel geben und eine Mulde in die Mitte drücken. 4 EL warme Milch mit Hefe und Zucker verrühren, bis sich die Hefe aufgelöst hat. Die Milchmischung in die Mehlmulde gießen und mit etwas Mehl zu einem breiigen Teig verrühren. Den Vorteig mit einem sauberen Küchentuch abgedeckt etwa 15 Minuten bei Zimmertemperatur gehen lassen. Die restliche Milch mit den übrigen Zutaten zugeben und alles 5–10 Minuten zu einem elastischen Teig kneten. Den Teig in zwölf gleich große Stücke teilen und zu Kugeln formen. Die Teiglinge abgedeckt 30 Minuten ruhen lassen.

2. Inzwischen das Frittieröl in einem hohen Topf auf 180 °C vorheizen, die Temperatur mit einem Küchenthermometer kontrollieren. Die Teiglinge zu runden Fladen formen. Anschließend ins heiße Öl legen und beide Seiten etwa 4 Minuten goldgelb frittieren. Mit einer Schaumkelle herausheben, abtropfen lassen und zum Entfetten auf Küchenpapier legen. Die Lángos mit saurer Sahne, Honig und Nüssen garnieren.

TIPP

Die Rezeptur dieses Hefeteigs ist die klassische für Lángos, das man eigentlich als herzhaftes Gericht kennt. Da der Teig aber relativ neutral im Geschmack ist, habe ich ein süßes Gebäck daraus gemacht. Natürlich kann man die Lángos mit Crème fraiche, Speck und Schnittlauch oder Lauchzwiebeln auch wieder »zurückverwandeln«.

SCHOKOLADEN-BABKA

Schwierigkeitsgrad: leicht
Zubereitung: ca. 30 Min. + ca. 4 Std. Kühlzeit + 30 Min. Ruhezeit + Abkühlzeit
Backzeit: 35–40 Min.

Für 1 Kuchen

FÜR DEN TEIG

30 g Frischhefe
60 g Milch, kalt
250 g Mehl
250 g Mehl (Type 550)
5 Eier
60 g Vanillezucker
10 g Salz
Mark von 1 Vanilleschote
300 g Butter, plus mehr für die Form

FÜR DIE STREUSEL

100 g Mehl
100 g Zucker
80 g Butter
Mark von 1 Vanilleschote
1 g Salz

FÜR DIE FÜLLUNG

100 g Haselnüsse, geröstet
80 g Zartbitterkuvertüre
350 g Nussnougatcreme

AUSSERDEM

1 Kastenform (35 cm lang)
Butter für die Form
Mehl für die Form
100 g Pekannüsse, gehackt
Flüssigfondant
Puderzucker zum Bestäuben

1. Die Kastenform mit Butter einfetten und mit Mehl bestäuben, überschüssiges Mehl wieder aus der Form herausklopfen.

2. Für den Teig die Hefe in der kalten Milch auflösen. Mit den restlichen Zutaten bis auf die Butter mit dem Knethaken in der Küchenmaschine 12–15 Minuten auf mittlerer Stufe kneten. Die Butter zugeben, bis der Teig glatt und geschmeidig ist. Den Teig zu einem Ball formen und in einer Schüssel abgedeckt 4 Stunden kalt stellen.

3. Für die Streusel alle Zutaten mischen und mit den Händen oder den Knethaken des Handrührgeräts zu Streuseln verarbeiten.

4. Für die Füllung Haselnüsse und Kuvertüre grob hacken. Den Teig auf einer leicht bemehlten Arbeitsfläche zu einem Rechteck ausrollen. Die Nussnougatcreme gleichmäßig darauf verstreichen und anschließend Haselnüsse und Kuvertüre darauf verteilen. Die Teigplatte an der langen Seite aufrollen. Die Rolle in der Mitte halbieren und die beiden Stränge miteinander verwinden. Den gewickelten Teigstrang in die Kastenform legen und mit Streuseln und Pekannüssen bestreuen. Den Babka abgedeckt 30 Minuten an einem warmen Ort gehen lassen.

5. Inzwischen den Backofen auf 170 °C Umluft vorheizen. Den Babka im vorgeheizten Ofen (Mitte) 35–40 Minuten backen. Aus dem Ofen nehmen und in der Form auskühlen lassen.

6. Den Babka mit Fondant und Puderzucker verzieren.

N

NIEDERLANDE

Oliebollen
▸ Seite 74

D

DÄNEMARK

Dagmartærte
▸ Seite 92

Zimtschnecken
▸ Seite 100

S

SCHWEDEN

GROSSBRITANNIEN

G

Victoria Sponge Cake
▸ Seite 84

ROUTE 2

Machen wir uns nun auf den Weg zu unseren direkten Nachbarn, die Niederlande. Mit dem leckeren Siedegebäck, den Oliebollen oder den cremig gefüllten Stroopwaffels lässt man dort die Herzen jedes traditionsbewussten Süßigkeiten-Fans höher schlagen. Die vom niederländischen Begriff »schoonbrood« abstammende Bezeichnung »Scones« für das berühmte softe Teegebäck, schlägt den Bogen zum nächsten Zielort und es wird klar: Auch England hat in Sachen Traditionsbackwaren einiges zu bieten. Allen voran der Victoria Sponge Cake, der seinen Namen niemand Geringerem als Queen Victoria verdankt, die sich gerne ein Stück davon zum Afternoon Tea genehmigt hat. Nach einem großen Sprung über die Nordsee müssen wir auch in Dänemark keine Abstriche in Sachen Schlemmerpotenzial machen. Dort warten zahlreiche auf Plunder- oder Hefeteig basierende Leckereien und die unverzichtbare Dagmartærte – ein schneckenartiger Kuchen mit Vanillepuddingfüllung – lässt sofort die nächste Reisestation erraten. Kein Aufenthalt in Schweden ohne duftende Zimtschnecken mit Kardamom! Ein Eckpfeiler der schwedischen Esskultur ist die »Fika«, eine kleine Pause mit Kaffee und Kuchen, wovon auch in diesem Land ein reichliches Angebot zu finden ist.

VLAAI

Schwierigkeitsgrad: leicht
Zubereitung: ca. 50 Min. + ca. 30 Min. Ruhezeit
Backzeit: ca. 25 Min.

Für 1 Kuchen

FÜR DEN TEIG

30 g Frischhefe
150 g Milch, kalt
300 g Mehl
25 g Butter
1 Prise Salz
3 EL Olivenöl
1 Eigelb

FÜR DIE FÜLLUNG

450 g frische Aprikosen
300 g Orangensaft
3 EL Maisstärke
50 g Zucker
Mark von 1 Vanilleschote

AUSSERDEM

1 Tarteform (Ø 26 cm)
Butter für die Form
Paniermehl
verschiedene runde Ausstechformen (Ø 1–3 cm)
Eistreiche (s. S. 45)
Hagelzucker

1. Für den Teig die Hefe in der Milch auflösen und mit den restlichen Zutaten mit dem Knethaken in der Küchenmaschine 5–10 Minuten zu einem elastischen glatten Teig verarbeiten. Den Teig mit einem feuchten Tuch abdecken und an einem warmen Ort 30 Minuten ruhen lassen.

2. Für die Füllung die Aprikosen entsteinen und in kleine Stücke schneiden. 2 EL Orangensaft mit der Stärke verrühren. Den restlichen Saft mit Zucker und Vanillemark in einem Topf aufkochen. Die Stärkemischung unter Rühren zugeben und 1 Minute köcheln. Die Aprikosen zufügen und nochmals aufkochen. Den Topf vom Herd nehmen, den Inhalt auskühlen lassen und kalt stellen.

3. In der Zwischenzeit den Backofen auf 180 °C Umluft vorheizen.

4. Die Tarteform mit Butter einfetten. Dann ⅔ des Teiges in der Größe der Tarteform rund ausrollen und in die Form legen. Den Boden mit Paniermehl bestreuen. Die Aprikosenfüllung auf den Teig verteilen. Den restlichen Teig ebenfalls in der Größe der Tarteform ausrollen und nach Belieben verschieden große Kreise ausstechen. Den überschüssigen Teig entfernen.

5. Die Ränder des Teigdeckels anfeuchten und anschließend auf den Kuchen legen. Die Ränder fest andrücken. Den Teig mit Eistreiche bestreichen, mit Hagelzucker bestreuen und im vorgeheizten Ofen (Mitte) etwa 25 Minuten goldgelb backen. Aus dem Ofen nehmen und auf einem Kuchengitter auskühlen lassen.

FACT

Dieser Klassiker aus dem belgisch-niederländischen Dreiländereck, der Limburger Vlaai, ein Hefekuchen mit Fruchkompott-Füllung ist ein echtes Universaltalent. Bei der Füllung kann man sich in Sachen Früchtewahl ausleben und auch beim Muster des Teigdeckels – oftmals wird der »Fladen« auch mit einem Teiggitter belegt.

OLIEBOLLEN

Schwierigkeitsgrad: leicht
Zubereitung: ca. 30 Min. + ca. 40 Min. Ruhezeit
Backzeit: ca. 5 Min.

Für 15 Stück

FÜR DEN TEIG

1,5 Äpfel
40 g Frischhefe
250 g Milch, kalt
500 g Mehl
65 g Zucker
Mark von 1 Vanilleschote
1 Prise gemahlener Zimt
1 Prise Salz
Abrieb von 1 Bio-Zitrone
250 g Apfelsaft
1 TL Rum
100 g Rosinen

AUSSERDEM

2 l Frittieröl
Digitales Küchenthermometer
Puderzucker
zum Bestäuben
(nach Belieben)

1. Für den Teig die Äpfel schälen und vierteln, dabei das Kerngehäuse herausschneiden. Die Apfelviertel in kleine Würfel schneiden. Die Hefe in der kalten Milch auflösen. Mehl, Zucker, Vanillemark, Zimt, Salz und Zitronenabrieb in einer Schüssel mischen. Hefemilch, Apfelsaft und Rum zur Mehlmischung geben und alles zu einem glatten Teig verrühren. Zum Schluss Apfelwürfel und Rosinen unterheben. Den Teig abgedeckt bei Raumtemperatur etwa 40 Minuten gehen lassen.

2. Inzwischen das Frittieröl in einem hohen Topf auf 180 °C vorheizen, die Temperatur mit einem Küchenthermometer kontrollieren. Zwei Esslöffel in das Öl tauchen, dann eine Portion Teig entnehmen und in das heiße Öl gleiten lassen. Jede Teigportion etwa 5 Minuten goldbraun frittieren und zwischendurch wenden. Mit einer Schaumkelle herausheben, abtropfen lassen und zum Entfetten auf Küchenpapier legen. Nach Belieben mit Puderzucker bestäuben.

TIPP

Diese knusprigen Hefeteigkugeln habe ich zuletzt von Marijke Amado in Perfektion zubereitet gegessen. Sie sind ein super Partydessert – entweder easy vorbereitet auf dem Büfett, aber auch als Tellerdessert mit Vanillesauce schmecken sie göttlich.

STROOPWAFELS

Schwierigkeitsgrad: anspruchsvoll
Zubereitung: ca. 20 Min. + ca. 45 Min. Ruhezeit
Backzeit: ca. 3 Min.

Für 14 Stück

FÜR DEN TEIG

500 g Mehl
150 g brauner Rohrzucker
2 TL gemahlener Zimt
1 Prise Salz
14 g Frischhefe
60 ml Milch, kalt
250 g Butter, geschmolzen
1 Ei

FÜR DEN SIRUP

150 g feiner brauner Zucker
230 g Agavendicksaft
35 g Butter

AUSSERDEM

Hörncheneisen
runde Ausstechform
(Ø 10 cm)

1. Für den Teig das Mehl mit Rohrzucker, Zimt und Salz vermischen. Die Hefe in der kalten Milch auflösen und zur Mehlmischung geben. Die geschmolzene Butter und das Ei zugeben und alles mit dem Knethaken in der Küchenmaschine zu einem glatten Teig verarbeiten. Den Teig mit einem feuchten Tuch abdecken und an einem warmen Ort etwa 45 Minuten gehen lassen.

2. In der Zwischenzeit für den Sirup den braunen Zucker mit dem Agavendicksaft in einem Topf leicht erhitzen, bis der Zucker sich aufgelöst hat. Die Butter zugeben und zu einem glatten Sirup verrühren.

3. Den Teig zu kleinen Kugeln von etwa 70 g formen. Eine Kugel in das vorgeheizte Hörncheneisen legen und mit etwas Druck schließen. Ist der Druck zu leicht, wird die Waffel zu dick, bei zu hohem Druck gerät sie zu dünn und kann nicht geschnitten werden. Nach etwa 3 Minuten die Waffel herausnehmen und mit der runden Ausstechform Kreise herstellen. Die Messerspitze in den Waffelrand einstechen und die Waffel vorsichtig um das Messer drehen, sodass zwei Hälften entstehen. Die Innenseite einer Hälfte mit dem Sirup bestreichen und die andere Hälfte darauflegen. Die beiden Hälften mit leichter Drehbewegung zusammensetzen, sodass sich der Sirup auf der Waffel verteilt.

»Nach diesen super süßen Sirupwaffeln war ich als Jugendlicher süchtig, sie waren der perfekte Energiesnack nach dem Sport. Heute genieße ich natürlich viel lieber diese handgemachte Version als die industriell gefertigte aus dem Supermarkt.

In den Niederlanden legt man sie am Nachmittag meist auf eine Tasse Kaffee oder Tee, um sie anzuwärmen und die Karamellfüllung zu verflüssigen.«

TOMPOUCE

Schwierigkeitsgrad: anspruchsvoll
Zubereitung: ca. 60 Min. + ca. 12 Std. Kühlzeit + Abkühlzeit
Backzeit: 15–20 Min.

1. Am Vortag für die Chantilly die Gelatine (2 Blatt bei Verwendung von Sahne, 1 Blatt bei Verwendung von Rama Cremefine) 5 Minuten in kaltem Wasser einweichen. Die Kuvertüre klein hacken und in ein hohes Gefäß geben. Die Sahne mit Rohrzucker und Vanillemark in einem Topf aufkochen. Die ausgedrückte Gelatine darin auflösen, über die Kuvertüre gießen und mit einem Stabmixer zu einer glänzenden Masse verarbeiten. Die kalte Sahne (oder Rama Cremefine) zugeben und verrühren. Die Chantilly abgedeckt über Nacht kalt stellen.

2. Den Blätterteig wie auf Seite 208 beschrieben vorbereiten. Den Teig auf 42 × 34 cm ausrollen und dann vorsichtig mit einem Messer halbieren, sodass zwei Rechtecke à 21 × 34 cm entstehen. Jedes Rechteck auf jeweils ein mit Backpapier belegtes Blech geben, mit Backpapier abdecken und 20 Minuten kalt stellen.

3. Inzwischen den Backofen auf 220 °C Umluft vorheizen. Die Rechtecke mit dem Backpapier und einem Gitter oder weiteren Backblech beschwert im vorgeheizten Ofen (Mitte) 15–20 Minuten goldbraun backen. Aus dem Ofen nehmen und auskühlen lassen.

4. Die Chantilly in der Küchenmaschine cremig aufschlagen. Beide ausgekühlten Blätterteigplatten auf 20 × 32 cm zurechtschneiden, die andere Platte für den Deckel zur Seite legen.

5. Eine zurechtgeschnittene Teigplatte auf ein Blech legen und in einen Backrahmen einspannen. Die Chantilly daraufgeben, glatt streichen und die zweite Blätterteigplatte darauflegen, leicht andrücken und 4 Stunden kalt stellen.

6. Die Aprikosenkonfitüre in einem Topf aufkochen und den Blätterteigdeckel mit einem Pinsel dünn bestreichen. Den Fondant in einem Topf leicht erwärmen und sobald die Konfitüre angezogen ist, diesen auftragen. Nachdem er angezogen und eine Kruste gebildet hat, mit einem heißen, aber trockenen Messer in 10 × 4 cm große Stücke schneiden.

Für 16 Stück

FÜR DEN BLÄTTERTEIG

40 g Butter
1 TL Salz
125 g Wasser
250 g Mehl

FÜR DIE ZIEHBUTTER

160 g Butter
50 g Mehl

FÜR DIE CHANTILLY

2 (oder 1) Blatt Gelatine
125 g weiße Kuvertüre
125 g Schlagsahne
25 g brauner Rohrzucker
Mark von 1 Vanilleschote
375 g Sahne (oder Rama Cremefine zum Aufschlagen)

AUSSERDEM

Mehl zum Verarbeiten
2 Backbleche
Backrahmen
Aprikosenkonfitüre
Backpinsel
Flüssigfondant

ROSINEN-SCONES

Schwierigkeitsgrad: einfach
Zubereitung: ca. 50 Min. + ca. 12 Std. Kühlzeit + Abkühlzeit
Backzeit: 12–14 Min.

Für 8 Stück

FÜR DEN TEIG

295 g Mehl, plus mehr zum Verarbeiten
12 g Backpulver
3 g Salz
95 g Butter
70 g Zucker
75 g Ei
64 g Schlagsahne
130 g Rum-Rosinen (s. u.)

FÜR DIE RUM-ROSINEN

6 g Schwarzteeblätter
90 g Rum (Stroh 80)
130 g Rosinen

FÜR DIE HONIGBUTTER

50 g Butter
100 g Honig

AUSSERDEM

1 runder Ausstecher (Ø 6 cm)
Backpinsel

1. Den Backofen auf 180 °C vorheizen.

2. Für die Rum-Rosinen 210 g Wasser in einem Topf aufkochen, die Teeblätter hineingeben und den Tee 10 Minuten ziehen lassen. Dann den Rum und die Rosinen zufügen und abgedeckt über Nacht nochmals ziehen lassen.

3. Für die Honigbutter die Butter in einem Topf leicht erwärmen, sodass sie flüssig ist. Den Honig zugeben und verrühren.

4. Für den Teig das Mehl mit Backpulver und Salz mischen. Butter und Zucker in einer Schüssel mit den Quirlen des Handrührgeräts auf mittlerer Stufe schaumig schlagen. Ei langsam unter die Butter-Zucker-Masse rühren, bis sich die Zutaten gut verbunden haben. Die Mehlmischung unterziehen und die Sahne langsam in einem dünnen Strahl einlaufen lassen und verrühren. Zum Schluss die Rum-Rosinen unterheben.

5. Den Teig auf einer bemehlten Arbeitsfläche ausrollen (1,5 cm Dicke) und mit einem runden Ausstecher Scones herstellen. Auf ein mit Backpapier belegtes Blech legen und im vorgeheizten Ofen (Mitte) 12–14 Minuten backen. Aus dem Ofen nehmen und mit Honigbutter bepinseln.

ZIMT-SCONES

Schwierigkeitsgrad: einfach
Zubereitung: ca. 45 Min. + 1 Std. Kühlzeit + Abkühlzeit
Backzeit: 12–14 Min.

Für 8 Stück

FÜR DEN GRUNDTEIG

295 g Mehl, plus mehr zum Verarbeiten
12 g Backpulver
3 g Salz
95 g Butter
70 g Zucker
75 g Ei
64 g Schlagsahne

1. Den Backofen auf 180 °C vorheizen.

2. Für den Zimtteig alle Zutaten zu einem glatten Teig verarbeiten. Den Teig zu einer Kugel formen, flach drücken und in Frischhaltefolie gewickelt mindestens 1 Stunde in den Kühlschrank stellen.

3. Für den Grundteig das Mehl mit Backpulver und Salz mischen. Butter und Zucker in einer Schüssel mit den Quirlen des Handrührgeräts auf mittlerer Stufe schaumig schlagen. Ei langsam unter die Butter-Zucker-Masse rühren, bis sich die Zutaten gut verbunden haben. Die

FÜR DEN ZIMTTEIG

18 g Mehl
18 g Zucker
18 g Butter
12 g Honig
3 g gemahlener Zimt

AUSSERDEM

1 runder Ausstecher (Ø 6 cm)
Puderzucker (nach Belieben)

Mehlmischung unterziehen und die Sahne langsam in einem dünnen Strahl einlaufen lassen und verrühren. Den Teig auf einer bemehlten Arbeitsfläche rechteckig ausrollen (etwa 1 cm Dicke). Den Zimtteig in kleine Stücke schneiden und auf der einen Hälfte des ausgerollten Teigs verteilen. Die andere Hälfte auf die be-legte Hälfte legen, andrücken und erneut ausrollen (1 cm Dicke). Von beiden kurzen Seiten aus ein Viertel des Teiges zur Mitte hin einschlagen, sodass sich die beiden kurzen Kanten in der Mitte der Teigplatte treffen. Anschließend den Teig in der Mitte nochmals zusammenklappen, sodass vier übereinanderliegende Teigschichten entstehen. Den Teig ausrollen (1,5 cm Dicke) und mit der Ausstechform Scones herstellen. Die Scones auf ein mit Backpapier belegtes Blech legen und im vorgeheizten Ofen (Mitte) 12–14 Minuten backen. Aus dem Ofen nehmen und auskühlen lassen. Nach Belieben mit Puderzucker bestäuben.

BANOFFEE PIE

Schwierigkeitsgrad: einfach
Zubereitung: ca. 30 Min. + ca. 8 Std. Kühlzeit

Für 1 Kuchen

FÜR DEN BODEN

150 g Haferkekse
100 g Butter
Mark von 2 Vanilleschoten

FÜR DEN KARAMELL

150 g Crème double
100 g Zucker
20 g Milchkuvertüre
Mark von 1 Vanilleschote
10 g Butter

FÜR DIE CREME

½ Blatt Gelatine
300 g Sahne (Rama Cremefine zum Aufschlagen)
Mark von 1 Vanilleschote

AUSSERDEM

1 Tortenring (Ø 21 cm)
Spritzbeutel
125 g Banane

1. Ein Blech mit Backpapier belegen. Den Ring mit Backpapier auslegen.

2. Für den Boden die Kekse in einem Gefrierbeutel fein zerbröseln. Die Butter in einem Topf schmelzen und mit Keksbröseln und Vanillemark verrühren. Die Teigmasse gleichmäßig im Ring verteilen und platt drücken.

3. Für den Karamell die Crème double in einem Topf erwärmen. Den Zucker in einer Pfanne bei mittlerer Hitze zu einem dunklen Karamell kochen. Mit der Crème double ablöschen und kochen lassen, bis sich der Karamell aufgelöst hat. Die Karamellmasse etwas abkühlen lassen.

4. Inzwischen die Milchkuvertüre hacken und mit Vanillemark und Butter unter den Karamell rühren, bis sich alle Zutaten gut vermischt haben. Anschließend in einen Spritzbeutel füllen.

5. Für die Creme mit Sahne: Die Gelatine 5 Minuten in kaltem Wasser einweichen. 50 g Sahne mit dem Vanillemark aufkochen und die ausgedrückte Gelatine darin auflösen. Die heiße Flüssigkeit in eine Schüssel umfüllen, nach und nach die restliche kalte Sahne (250 g) unterrühren. Die Sahne etwa 10 Minuten kalt stellen und anschließend in der Küchenmaschine steif schlagen.

6. Für die Creme mit Rama Cremefine: Rama und Vanillemark mit dem Schneebesen in der Küchenmaschine steif schlagen.

7. Zum Fertigstellen der Torte zunächst die Banane in Scheiben schneiden. Einen Teil des Karamells unregelmäßig spiralförmig auf den Boden dressieren. Die Bananenscheiben darauf verteilen. Die Creme in den Tortenring füllen und verteilen, sodass die Oberfläche eine unregelmäßige Struktur erhält. Zum Schluss den restlichen Karamell spiralförmig in und auf die Creme spritzen und mithilfe einer Palette so verstreichen, dass eine Marmoroptik entsteht. Die Pie vor dem Servieren 8 Stunden kalt stellen und durchziehen lassen.

VICTORIA SPONGE CAKE

Schwierigkeitsgrad: einfach
Zubereitung: ca. 40 Min. + ca. 12 Std. Kühlzeit + Abkühlzeit
Backzeit: ca. 30 Min.

Für 1 Kuchen

FÜR DIE SANDMASSE

175 g Mehl
10 g Backpulver
½ Tonkabohne, gerieben
150 g Butter, zimmerwarm
30 g Puderzucker
Mark von 1 Vanilleschote
3 Eigelb
50 g Milch
4 Eiweiß
100 g Zucker

FÜR DIE VANILLE-CHANTILLY

2 (oder 1) Blatt Gelatine
75 g weiße Kuvertüre
75 g Schlagsahne
15 g brauner Rohrzucker
Mark von 1 Vanilleschote
225 g Schlagsahne (oder Rama Cremefine zum Aufschlagen), kalt

FÜR DEN SIRUP

45 g Zucker
Mark von 1 Vanilleschote

AUSSERDEM

2 Springformen (Ø 22 cm)
100 g Himbeerkonfitüre
Puderzucker (nach Belieben)

1. Für die Chantilly die Gelatine (2 Blatt bei Verwendung von Sahne, 1 Blatt bei Verwendung von Rama Cremefine) 5 Minuten in kaltem Wasser einweichen. Die Kuvertüre grob hacken und in ein hohes Gefäß geben. 75 g Sahne mit Rohrzucker und Vanillemark einem Topf aufkochen, die ausgedrückte Gelatine darin auflösen und über die Kuvertüre geben. Mit einem Stabmixer zu einer glatten Masse verarbeiten, 225 g kalte Sahne (oder Rama Cremefine) zugeben und nochmals mixen. Abgedeckt auskühlen lassen und über Nacht kalt stellen.

2. Für den Sirup 45 g Wasser mit Zucker und Vanillemark in einem Topf aufkochen. Den Topf vom Herd nehmen und auskühlen lassen.

3. Den Backofen auf 170 °C Umluft vorheizen. Die Springformen mit Backpapier auslegen.

4. Für die Sandmasse das Mehl mit Backpulver und geriebener Tonkabohne in einer Schüssel mischen. Die Butter mit Puderzucker und Vanillemark in einer Küchenmaschine aufschlagen. Zuerst die Eigelbe und dann die Milch nacheinander jeweils so lange unterrühren, bis sich die Zutaten glatt verbunden haben. Eiweiße und Zucker mit den Quirlen des Handrührgeräts zu Eischnee schlagen. Den Eischnee und die Mehlmischung im Wechsel unter die Butter-Eigelb-Mischung heben. Die Masse gleichmäßig auf die zwei Formen verteilen und im vorgeheizten Ofen (Mitte) etwa 30 Minuten backen. Aus dem Ofen nehmen und auskühlen lassen.

5. Die Böden, falls sie nicht eben sind, etwas begradigen. Beide Böden mit dem Sirup tränken. Die Chantilly in der Küchenmaschine cremig schlagen. Den ersten Boden mit der Himbeerkonfitüre bestreichen und die Chantilly darauf verteilen. Den zweiten Boden daraufsetzen und mindestens 2 Stunden in den Kühlschrank stellen. Nach Belieben mit Puderzucker bestreuen.

GINGERBREAD

Schwierigkeitsgrad: einfach
Zubereitung: ca. 20 Min. + Abkühlzeit
Backzeit: ca. 50 Min.

Für 1 Kuchen

60–90 g frischer Ingwer
150 g Mehl
60 g Roggenmehl
8 g Backpulver
1 g gemahlener Zimt
⅓ Tonkabohne, gerieben
150 g Butter
150 g Zucker
Mark von 1 Vanilleschote
Abrieb von ¼ Bio-Zitrone
2 Eier

AUSSERDEM

1 Kastenform (26 cm lang)
Küchenreibe
Butter für die Form
Flüssigfondant
Aprikosenkonfitüre

1. Den Backofen auf 160 °C Umluft vorheizen. Die Kastenform mit Butter einfetten und mit Mehl bestäuben, überschüssiges Mehl wieder aus der Form herausklopfen.

2. Die Schale des Ingwers mithilfe eines Löffelrückens abschaben und anschließend auf der Küchenreibe fein raspeln. Das Mehl mit Roggenmehl, Backpulver, Zimt und Tonkabohne verrühren. Die Butter mit Zucker, Vanillemark und Zitronenabrieb in einer Schüssel mit den Quirlen des Handrührgeräts auf mittlerer Stufe schaumig schlagen. Die Eier nacheinander einzeln jeweils so lange unter die Butter-Zucker-Masse rühren, bis sich die Zutaten gut verbunden haben. Die Mehlmischung unterziehen und den Ingwer unterrühren.

3. Den Teig in die Kastenform füllen und glatt streichen. Den Kuchen im vorgeheizten Ofen (Mitte) etwa 50 Minuten backen. Aus dem Ofen nehmen und in der Form auskühlen lassen.

4. Für die Dekoration den Fondant in einem Topf leicht erwärmen und die Konfitüre unterrühren. Den Kuchen mit dem Zuckerguss überziehen.

TIPP

Wer das Gingerbread gerne richtig scharf mag, übergießt den Kuchen noch heiß, direkt wenn er aus dem Ofen kommt, mit Ingwersaft. So durchzieht der Saft den kompletten Kuchen und das Aroma bleibt nicht nur an der Oberfläche.

TREACLE TARTE

Schwierigkeitsgrad: einfach
Zubereitung: ca. 30 Min. + Abkühlzeit
Backzeit: 25–30 Min.

Für 1 Tarte

FÜR DEN MÜRBETEIG

150 g Butter
100 g Zucker
1 Ei
Mark von ½ Vanilleschote
1 Prise Salz
250 g Mehl, plus mehr zum Verarbeiten
30 g blanchierte, gemahlene Mandeln

FÜR DIE FÜLLUNG

340 g Golden Sirup (über Bosfood)
Saft und Abrieb von ⅓ Bio-Zitrone
80 g Semmelbrösel
40 g Ei
36 g Schlagsahne
Mark von 2 Vanilleschoten

AUSSERDEM

1 Springform (Ø 20 cm)
Butter für die Form
getrocknete Hülsenfrüchte zum Blindbacken

1. Für die Tarte den Mürbeteig wie auf Seite 211 beschrieben vorbereiten und die Tarte 10 Minuten blindbacken.

2. Für die Füllung den Sirup mit Zitronensaft und -abrieb in einem Topf aufkochen. Die Semmelbrösel zugeben, verrühren und 10 Minuten quellen lassen.

3. Inzwischen den Backofen auf 190 °C Umluft vorheizen.

4. Die restlichen Zutaten zugeben und glatt rühren. Die Masse in die vorgebackene Tarte füllen, glatt streichen und im vorgeheizten Ofen (Mitte) 25–30 Minuten backen. Aus dem Ofen nehmen und auf einem Gitter auskühlen lassen.

TIPP

Viele Fans kennen dieses bekannte britische Dessert als die »Harry-Potter-Tarte«. Es ist die Lieblingsnachspeise des Zauberschülers.

Klassisch wird Golden Syrup verwendet. Man kann natürlich auch mit verschieden kräftigen Sirupen experimentieren und damit Einfluss auf die Aromatik der Tarte nehmen. Dunklerer Sirup gibt schöne Lakritzaromen, die hier auch gut passen.

WIENERBRØD

Schwierigkeitsgrad: anspruchsvoll
Zubereitung: ca. 40 Min. + ca. 1 Std. Kühlzeit + ca. 30 Min. Ruhezeit + Abkühlzeit
Backzeit: 25–30 Min.

Für 12 Stück

FÜR DEN PLUNDERTEIG

500 g Mehl
5 g Salz
45 g Frischhefe
230 g Milch, kalt
70 g Zucker
85 g Butter, zimmerwarm

FÜR DEN VANILLEPUDDING

300 g Milch
30 g Zucker
Mark von 2 Vanilleschoten
1 Prise Salz
3 Eigelb
20 g Maisstärke

AUSSERDEM

200 g Butter zum Tourieren
Mehl zum Verarbeiten
Spritzbeutel
Flüssigfondant

1. Den Plunderteig wie auf Seite 210 beschrieben vorbereiten.

2. Für den Vanillepudding Milch, Zucker, Vanillemark und Salz in einem Topf zum Kochen bringen. Inzwischen die Eigelbe mit der Maisstärke in einer Schüssel mit dem Schneebesen verrühren. Die kochende Milchmischung nach und nach unter Rühren zur Eigelbmischung gießen. Die Creme zurück in den Topf geben und den Pudding unter ständigem Rühren nochmals etwa 1 Minute köcheln und andicken lassen. Von der Herdplatte nehmen und noch etwas weiterrühren, damit das Eigelb im heißen Pudding nicht gerinnt. Den Vanillepudding durch ein feines Sieb streichen, zugedeckt zunächst bei Zimmertemperatur abkühlen lassen. Dann direkt auf der Creme mit Frischhaltefolie abdecken, damit keine Haut entsteht, und anschließend etwa 1 Stunde in den Kühlschrank stellen.

3. Zwei Backbleche mit Backpapier belegen. Den Plunderteig zu einer rechteckige Teigplatte (4 mm Dicke) ausrollen und in 10,5 × 10,5 cm große Quadrate schneiden. Die Ecken der Quadrate in die Mitte falten und andrücken. Mit etwas Abstand auf den Blechen verteilen und abgedeckt 30 Minuten bei Raumtemperatur gehen lassen.

4. Inzwischen den Backofen auf 165 °C Umluft vorheizen. Den kalten Vanillepudding glatt rühren und in einen Spritzbeutel füllen. Je etwa 20 g mittig auf die Teiglinge dressieren und im vorgeheizten Ofen (Mitte) 20–25 Minuten goldbraun backen. Aus dem Ofen nehmen und auskühlen lassen.

5. Etwas Flüssigfondant in einem Topf erwärmen und die Oberseiten leicht in den Fondant tauchen. Auf ein Blech legen und anziehen lassen.

DAGMARTÆRTE

Für 1 Kuchen

FÜR DEN PLUNDERTEIG

250 g Mehl, plus mehr zum Verarbeiten
2 g Salz
23 g Frischhefe
115 g Milch, kalt
35 g Zucker
43 g Butter, zimmerwarm

FÜR DEN VANILLEPUDDING

300 g Milch
30 g Zucker
Mark von 2 Vanilleschoten
1 Prise Salz
3 Eigelb
20 g Maisstärke

FÜR DIE ZIMTBUTTER

100 g Butter
100 g brauner Rohrzucker
2 g gemahlener Kardamom
5 g gemahlener Zimt

AUSSERDEM

100 g Butter zum Tourieren
Mehl zum Verarbeiten
1 Tortenring (Ø 24 cm)
Butter für die Form
Butter zum Bestreichen
Flüssigfondant
Kuvertüre, geschmolzen

Schwierigkeitsgrad: anspruchsvoll
Zubereitung: 30 Min. + ca. 90 Min. Ruhezeit + Abkühlzeit
Backzeit: 25–30 Min.

1. Den Plunderteig wie auf Seite 210 beschrieben vorbereiten. Die Butterplatte auf 10 × 10 cm und den Teig auf 10 × 20 cm ausrollen.

2. Für den Vanillepudding Milch, Zucker, Vanillemark und Salz in einem Topf zum Kochen bringen. Inzwischen die Eigelbe mit der Maisstärke in einer Schüssel mit dem Schneebesen verrühren. Die kochende Milchmischung nach und nach unter Rühren zur Eigelbmischung gießen. Die Creme zurück in den Topf geben und den Pudding unter ständigem Rühren nochmals etwa 1 Minute köcheln und andicken lassen. Von der Herdplatte nehmen und noch etwas weiterrühren, damit das Eigelb im heißen Pudding nicht gerinnt. Den Vanillepudding durch ein feines Sieb streichen, zugedeckt zunächst bei Zimmertemperatur abkühlen lassen. Dann direkt auf der Creme mit Frischhaltefolie abdecken, damit keine Haut entsteht, und anschließend etwa 1 Stunde in den Kühlschrank stellen.

3. Für die Zimtbutter alle Zutaten in einer Schüssel vermengen.

4. Ein Backblech mit Backpapier belegen. Den Tortenring einfetten und ⅓ des Teigs (4 mm Dicke) auf die Größe des Ringes ausrollen. Den Teig in den Ring legen und ⅓ der Zimtbutter darauf verstreichen.

5. Den restlichen Teig auf einer leicht bemehlten Arbeitsfläche zu einer rechteckigen Platte (etwa 4 mm Dicke) ausrollen. Mit der restlichen Zimtbutter und ⅔ des glatt gerührten Vanillepuddings bestreichen und von der langen Seite her aufrollen. In etwa 4–5 cm breite Stücke schneiden, diese mit der Schnittfläche nach oben verteilt in den Tortenring setzen. Die restliche Vanillecreme in die Lücken dressieren. Abgedeckt nochmals etwa 30 Minuten gehen lassen.

6. Inzwischen den Backofen auf 200 °C vorheizen. Die Butter zerlassen. Die Plunderschnecken mit Butter bestreichen und im vorgeheizten Ofen (Mitte) 25–30 Minuten goldbraun backen. Aus dem Ofen nehmen und auf einem Kuchengitter abkühlen lassen. Mit Flüssigfondant und geschmolzener Schokolade betupfen.

BRUNSVIGER

Schwierigkeitsgrad: einfach
Zubereitung: ca. 30 Min. + ca. 1 Std. Ruhezeit + Abkühlzeit
Backzeit: ca. 20 Min.

Für 1 Kuchen

FÜR DEN TEIG

25 g Frischhefe
125 g Milch
250 g Mehl
5 g Zucker
50 g Butter
1 Ei

FÜR DAS TOPPING

75 g Butter
75 g Brun Farin
(dänische Zuckersorte)

AUSSERDEM

1 Springform (Ø 24 cm)
Butter für die Form

1. Für den Teig die Hefe in der Milch auflösen. Mit den restlichen Zutaten in der Küchenmaschine auf mittlerer Stufe zu einem glatten und geschmeidigen Teig kneten (Die Konsistenz wird weich sein). Den Teig abgedeckt an einem warmen Ort 20–30 Minuten gehen lassen.

2. Die Springform mit Butter einfetten. Den Teig in die Form geben und hineindrücken. Mit den Fingerspitzen tiefe Löcher im Teig formen und abgedeckt nochmals 20 Minuten gehen lassen.

3. Inzwischen den Backofen auf 200 °C vorheizen. Für das Topping Butter und Brun Farin in einem Topf unter Rühren erhitzen, bis sich der Zucker aufgelöst hat.

4. Die Butter-Zucker-Mischung über den Teig gießen, verstreichen und im vorgeheizten Ofen (Mitte) etwa 20 Minuten backen. Aus dem Ofen nehmen und auskühlen lassen.

TIPP

Das ist die dänische Antwort auf den deutschen Butterkuchen. Damit es authentisch schmeckt, bitte unbedingt den skandinavischen Zucker »Brun Farin« verwenden.
Er unterscheidet sich von normalem braunen Zucker durch den zugesetzten Rohrzuckersirup, der ihm seine feuchte Konsistenz verleiht.

KRANSEKAGE

Schwierigkeitsgrad: einfach
Zubereitung: ca. 30 Min. + ca. 24 Std. Ruhezeit + Abkühlzeit
Backzeit: 10–12 Min.

Für 1 Kuchen

FÜR DEN TEIG

250 g Marzipanrohmasse
25 g Zucker
15 g Eiweiß

FÜR DIE GLASUR

180 g Puderzucker
1 Eiweiß
1 Prise Salz
etwas Saft von 1 Bio-Zitrone

AUSSERDEM

Ausstechringe (Ø 5, 6, 7, 8, 9, 10, 11 cm)
Spritzbeutel

1. Ein Blech mit Backpapier belegen und die Ringe darauf verteilen. Für den Teig alle Zutaten in einer Schüssel verkneten und zu 1 cm dicken, langen Stangen rollen. Diese um die Ringe legen, die Enden schräg abschneiden, aneinanderlegen und vorsichtig andrücken, sodass ein geschlossener Ring entsteht. Die Ringe 24 Stunden trocknen lassen.

2. Am nächsten Tag den Backofen auf 210 °C vorheizen. Die Ausstecher vorsichtig entfernen und die Ringe im vorgeheizten Ofen (Mitte) 10–12 Minuten backen. Aus dem Ofen nehmen und auskühlen lassen.

3. Für die Glasur alle Zutaten in einer Schüssel verrühren und in einen Spritzbeutel füllen. Die Glasur in Schlingen auf den größten Ring spritzen und den nächstkleineren Ring daraufsetzen; darauf wiederum Schlingen dressieren. Mit den restlichen Ringen ebenso verfahren.

FACT

Der Kranzkuchen aus übereinandergestapelten Ringen aus Marzipanteig ist eine besondere Spezialität aus dem hohen Norden. Neben Dänemark wird er auch in Norwegen zu Feiertagen serviert. Die Verzierung aus Puderzucker wird klassisch in Schlingen aufgetragen.

LUSSEKATTER

Schwierigkeitsgrad: einfach
Zubereitung: ca. 50 Min. + ca. 70 Min. Ruhezeit + Abkühlzeit
Backzeit: ca. 8 Min.

Für 20–25 Stück

FÜR DEN VORTEIG

50 g Milch, kalt
1,5 g Frischhefe
90 g Mehl

FÜR DEN TEIG

50 g Frischhefe
500 g Mehl
125 g Zucker
8 g Milchpulver
5 g Kardamom
2,5 g Salz
150 g Butter
8 g Safran-Läuterzucker (s. u.)

FÜR DEN SAFRAN-LÄUTERZUCKER

50 g Zucker
1 g Safran
15 g Cognac

AUSSERDEM

Rosinen
Eistreiche (s. S. 45)

1. Für den Vorteig alle Zutaten in einer Schüssel vermengen und abgedeckt 1 Stunde gehen lassen.

2. Inzwischen für den Safran-Läuterzucker den Zucker mit 50 g Wasser und Safran in einem Topf aufkochen. Den Topf vom Herd nehmen und den Cognac unterrühren.

3. Für den Teig die Hefe in 225 g Wasser auflösen. Das Hefewasser mit den restlichen Zutaten und dem Vorteig mit dem Knethaken in einer Küchenmaschine 5 Minuten auf kleinster Stufe kneten. Anschließend weitere 8 Minuten auf mittlerer Stufe kneten, bis ein glatter geschmeidiger Teig entsteht. Anschließend abgedeckt 1 Stunde gehen lassen, bis der Teig die doppelte Größe erreicht hat.

4. Den Backofen auf 240 °C Umluft vorheizen und ein Blech mit Backpapier belegen. Den Teig in Teiglinge à 50 g portionieren. Diese zu etwa 30 cm langen Strängen formen. Die Enden s-förmig eindrehen und auf das vorbereitete Blech legen. In die Teigenden jeweils eine Rosine eindrücken. Die Lussekatter abgedeckt etwa 10 Minuten gehen lassen. Vorsichtig mit Eistreiche bepinseln und im vorgeheizten Ofen (Mitte) 8 Minuten backen. Aus dem Ofen nehmen und direkt mit Safran-Läuterzucker bepinseln und auskühlen lassen.

FACT

Die sogenannten »Luciakatzen« werden traditionell zum schwedischen Luciafest gebacken, das in der Vorweihnachtszeit, am 13. Dezember, gefeiert wird. Durch den Safran bekommt es einen ganz besonderen Geschmack, ganz zu schweigen von der schönen gelblichen Farbe. Die Katzen eignen sich super zum Weihnachtsfrühstück.

ZIMTSCHNECKEN

Schwierigkeitsgrad: einfach
Zubereitung: ca. 30 Min. + ca. 90 Min. Ruhezeit + Abkühlzeit
Backzeit: 10–12 Min.

Für 20 Stück

FÜR DEN TEIG

28 g Frischhefe
275 g Milch, kalt
500 g Mehl
75 g Zucker
90 g Butter
Mark von 1 Vanilleschote
Abrieb von 1 Bio-Zitrone
1 Tonkabohne, gerieben
4 g frisch gemahlener Kardamom
2,5 g Salz

FÜR DIE FÜLLUNG

200 g Butter, weich
100 g Zucker
2 EL gemahlener Zimt (wenn möglich aus Vietnam)
1 TL frisch gemahlener Kardamom

AUSSERDEM

Mehl zum Verarbeiten
Eistreiche (s. S. 45)
Hagelzucker
Aprikosenkonfitüre
Füssigfondant

1. Für den Hefeteig die Hefe in der kalten Milch auflösen und mit den restlichen Zutaten mit dem Knethaken in der Küchenmaschine auf niedrigster Stufe 5 Minuten kneten. Dann 8 Minuten bei schneller Geschwindigkeit kneten, bis ein glatter und elastischer Teig entstanden ist. Den Teig zu einer Kugel formen und abgedeckt 1 Stunde ruhen lassen.

2. Für die Füllung alle Zutaten in einer Schüssel mischen.

3. Ein Backblech mit Backpapier belegen. Den Teig nochmals kurz durchkneten und auf einer leicht bemehlten Arbeitsfläche zu einer rechteckigen Platte (etwa 5 mm Dicke) ausrollen. Die Zimtbutter auf dem Teig verstreichen und von der langen Seite her eng aufrollen. In etwa 3 cm breite Stücke schneiden. Diese mit den Schnittflächen nach oben mit etwas Abstand auf das Blech setzen und abgedeckt nochmals etwa 30 Minuten gehen lassen.

4. Inzwischen den Backofen auf 180 °C Umluft vorheizen. Die Zimtschnecken mit Eistreiche bestreichen, mit Hagelzucker bestreuen und im vorgeheizten Ofen (Mitte) 10–12 Minuten goldbraun backen. Aus dem Ofen nehmen und auf einem Kuchengitter abkühlen lassen. Mit Aprikosenkonfitüre und Fondant verzieren.

TIPP

Die Samen des südafrikanischen Tonkabaumes, die sogenannten Tonkabohnen, adeln Backwaren mit ihrem süßlichen, leicht bitteren Geschmack. Man kann diesen super kombinieren, zum Beispiel mit Früchten. In diesem Fall lässt sich die Schnecke mit einer Füllung aus Himbeerkonfitüre statt der Zimt-Zucker-Variante ganz einfach variieren.

SCHWEDENTORTE

Schwierigkeitsgrad: anspruchsvoll
Zubereitung: ca. 1 Std. + ca. 3 Std. Kühlzeit + Abkühlzeit
Backzeit: ca. 25 Min.

Für 1 Torte

FÜR DEN BISKUIT

6 Eier
150 g Zucker
Mark von 1 Vanilleschote
50 g Butter
180 g Mehl
1 Prise Salz

FÜR DIE VANILLECREME

300 g Milch
30 g Zucker
15 g Honig
Mark von 1 Vanilleschote
1 Prise Salz
3 Eigelb
20 g Maisstärke

FÜR DIE BANANENKONFITÜRE

200 g Banane
100 g Bananensaft
80 g Gelierzucker (3:1)

FÜR DIE MARZIPANDECKE

0,3 g Lebensmittelfarbe in Kiwi (Sosa)
0,2 g Lebensmittelfarbe in Minzgrün (Sosa)
0,2 g Lebensmittelfarbe in Olivgrün (Sosa)
500 g Modelliermarzipan

1. Für die Vanillecreme Milch, Zucker, Honig, Vanillemark und Salz in einem Topf zum Kochen bringen. Inzwischen die Eigelbe mit der Stärke in einer Schüssel mit dem Schneebesen verrühren. Die kochende Milchmischung nach und nach unter Rühren zur Eigelbmischung gießen. Die Creme zurück in den Topf geben und den Pudding unter ständigem Rühren nochmals etwa 1 Minute köcheln und andicken lassen. Von der Herdplatte nehmen und noch etwas weiterrühren, damit das Eigelb in der heißen Creme nicht gerinnt. Die Vanillecreme durch ein feines Sieb streichen, zugedeckt zunächst bei Zimmertemperatur abkühlen lassen, direkt auf der Creme mit Frischhaltefolie abdecken, damit keine Haut entsteht, und anschließend etwa 1 Stunde in den Kühlschrank stellen.

2. Für die Bananenkonfitüre die Bananen mit einem Stabmixer pürieren. Das Püree mit Saft und Gelierzucker in einem Topf unter ständigem Rühren aufkochen und 1 Minute köcheln lassen. Den Topf vom Herd nehmen und die Konfitüre abgedeckt auskühlen lassen.

3. Den Backofen auf 190 °C Umluft vorheizen. Die Springform mit Butter einfetten und mit Mehl bestäuben, überschüssiges Mehl wieder aus der Form herausklopfen.

4. Für den Biskuit die Eier mit Zucker und Vanillemark in einer Schüssel über einem warmen Wasserbad aufschlagen. Die Eiermasse in einer Küchenmaschine kalt schlagen. Inzwischen die Butter in einem Topf schmelzen und nach und nach zur Eimasse geben, bis die Masse glatt ist. Das Mehl mit dem Salz mischen und zügig unter die Eimasse heben. Die Masse in die Springform füllen und im vorgeheizten Ofen (Mitte) 25 Minuten goldbraun backen. Aus dem Ofen nehmen und auf einem Kuchengitter auskühlen lassen.

AUSSERDEM

1 Springform (Ø 20 cm)
Butter für die Form
Mehl für die Form
350 g Rama Cremefine zum Aufschlagen
Puderzucker (nach Belieben)

5. Die Rama Cremefine mit den Quirlen des Handrührgeräts aufschlagen. Den ausgekühlten Biskuit in drei Böden aufschneiden. Auf den untersten Boden 100 g Bananenkonfitüre geben und gleichmäßig verteilen. 80 g Vanillecreme mit 50 g aufgeschlagener Rama verrühren und auf der Konfitüre verteilen. Den zweiten Biskuit daraufsetzen. 200 g Vanillecreme mit 200 g aufgeschlagener Rama vermengen und gleichmäßig auf dem Biskuit verteilen, sodass eine Kuppel entsteht. Nun den letzten Boden darauf setzen und mit der restlichen geschlagenen Rama die Torte vollständig einstreichen.

6. Inzwischen für die Marzipandecke die Farben mit wenig Wasser verrühren und in das Marzipan einarbeiten. Das Marzipan auf einer leicht mit Puderzucker bestäubten Arbeitsfläche dünn ausrollen und die Torte einkleiden. Die Torte 2 Stunden kalt stellen. Nach Belieben mit Puderzucker bestäuben.

MOROTSKAKA

Schwierigkeitsgrad: einfach
Zubereitung: ca. 30 Min. + ca. 2 Std. Kühlzeit + Abkühlzeit
Backzeit: ca. 30 Min.

1. Den Backofen auf 165 °C Umluft vorheizen.

2. Für den Teig die Karotten schälen und auf der Küchenreibe fein raspeln. Das Mehl mit Backpulver, Natron, Zimt, Muskatnuss und Kardamom mischen. Den Zucker mit Ei, Orangenabrieb, Vanillemark und Salz in einer Schüssel mit den Quirlen des Handrührgeräts auf mittlerer Stufe etwa 10 Minuten aufschlagen, bis die Masse weiß ist. Nach und nach das Pflanzenöl unterrühren und ein paar Minuten weiterrühren. Die Karotten zugeben und mit einem Teigschaber unterheben. Zum Schluss die Mehlmischung unterarbeiten.

3. Den Springform mit Butter einfetten und mit Mehl bestäuben, überschüssiges Mehl wieder aus der Form herausklopfen. Den Teig hineingeben, glatt streichen und im vorgeheizten Ofen (Mitte) etwa 30 Minuten backen. Aus dem Ofen nehmen und auf einem Gitter auskühlen lassen.

4. Für die Frischkäsecreme alle Zutaten in einer Schüssel verrühren, auf den ausgekühlten Kuchen geben und glatt streichen. Den Rand mit Mandelblättchen und Orangenzesten garnieren. Den Kuchen 2 Stunden kalt stellen.

»Ich liebe Karottenkuchen, das ist einer der saftigsten Kuchen, die es gibt.«

Für 1 Kuchen

FÜR DEN TEIG

165 g Karotten
145 g Mehl
1,5 g Backpulver
1,5 g Natron
1 Prise gemahlener Zimt
1 Prise geriebene Muskatnuss
½ TL gemahlener Kardamom
100 g Zucker
75 g Ei
Abrieb von ½ Bio-Orange
Mark von 1 Vanilleschote
1 Prise Salz
100 ml Pflanzenöl

FÜR DIE FRISCHKÄSECREME

150 g Doppelrahmfrischkäse
75 g Butter, zerlassen
150 g Puderzucker
1 TL Vanillezucker
Saft von ½ Zitrone

AUSSERDEM

Küchenreibe
1 Springform (Ø 20 cm)
Butter für die Form
Mandelblättchen, geröstet
Bio-Orangenzesten

HAVREKAKOR

Schwierigkeitsgrad: einfach
Zubereitung: ca. 15 Min. + Abkühlzeit
Backzeit: 10–12 Min.

Für ca. 30 Kekse

FÜR DEN TEIG

200 g Butter
100 g Zucker
100 g Milch
1 EL Glukose (oder Honig)
100 g Mehl
1 Msp. Hirschhornsalz
400 g Haferflocken

1. Den Backofen auf 200 °C Umluft vorheizen. Ein Backblech mit Backpapier belegen.

2. Für den Teig alle Zutaten in einer Schüssel zu einem glatten Teig verarbeiten.

3. Den Teig in Portionen à 30 g teilen. Die Teiglinge zu Kugeln formen und auf das Backblech legen. Mit den Fingern zu flachen Keksen formen. Im vorgeheizten Ofen (Mitte) 10-12 Minuten goldbraun backen. Aus dem Ofen nehmen und auf einem Gitter auskühlen lassen.

»Wer Honig statt Glukose nimmt, kann diesen variieren. Ich verwende meistens Akazienhonig zum Backen, der hat den für mich rundesten Geschmack.«

TIPP

Am besten schmecken die knusprigen Haferkekse mit einem starken Kaffee zum Reintunken.

USA

Apple Pie
in der Pfanne gebacken
▸ Seite 118

SÜDAMERIKA

Tortillas
▸ Seite 126

Donuts
▸ Seite 124

USA

SÜDAMERIKA

S

Mais-Blinis
mit Popcorn-Sahne
▸ Seite 128

ROUTE 3

Als Nächstes wagen wir den Sprung über den Atlantischen Ozean. Auch dort befindet sich eine wahre Fundgrube für süßes Gold. Ich spreche von den USA, deren Spezialitäten sich in aller Welt einen Namen gemacht haben: Cheesecake, Cookies, Brownies, Donuts ... es gibt kaum jemanden, der diese Backwaren nicht kennt. Wo die hiesigen Coffeeshops ihre Kunden mit genormter Massenware überfluten, zeige ich Ihnen Rezepte, die in Sachen Geschmack ihresgleichen suchen. Bei der Zubereitung kann man kreativ werden, zum Beispiel mit in der Pfanne gebackener Apple Pie – dem amerikanischen Klassiker schlechthin. Auch der Bagel wird als typisch amerikanisches Backerbe gesehen, die weit zurückliegenden Ursprünge des runden Hefegebäcks mit Loch sind aber wohl auf die jüdische Gemeinde Krakaus zurückzuführen. Es kursieren unzählige Legenden über ihre Herkunft. Fakt ist: Sie schmecken köstlich und meine Version kann sowohl süß als auch herzhaft belegt werden. Reisen wir etwas weiter südlich Richtung Äquator, entdecken wir auch in Südamerika wahre Köstlichkeiten. Hier habe ich mir die Freiheit genommen, eine süße Version der Tortilla zu entwickeln und auch meine Variante der »Arepas« – kleine Mais-Blinis – kommen mit Popcorn-Sahne recht ungewöhnlich daher.

EXOTISCHER CHEESECAKE

Schwierigkeitsgrad: einfach
Zubereitung: ca. 30 Min. + ca. 2 Std. Kühlzeit + Abkühlzeit
Backzeit: 40–45 Min.

Für 1 Kuchen

FÜR DEN STREUSELTEIG

75 g Butter
75 g Rohrzucker
Mark von ½ Vanilleschote
1 Prise Salz
150 g Mehl

FÜR DIE FÜLLUNG

375 g Doppelrahmfrischkäse
100 g saure Sahne
100 g Zucker
125 g Ei
Mark von 1 Vanilleschote
Abrieb von 1 Bio-Zitrone
1 Prise Salz

FÜR DAS EXOTISCHE GELEE

3 Blatt Gelatine
30 g Mangopüree (Boiron über Bosfood)
60 g Litschipüree (Boiron über Bosfood)
90 g Passionsfruchtpüree (Boiron über Bosfood)
Mark von ½ Vanilleschote

AUSSERDEM

1 Springform (Ø 20 cm)
Kokosraspel, geröstet

1. Den Backofen auf 190 °C Umluft vorheizen. Den Boden der Springform mit Backpapier auslegen.

2. Für den Streuselteig die Butter mit Rohrzucker, Vanillemark, Salz und Mehl in einer Schüssel mischen und mit den Händen zu groben Streuseln verarbeiten. Die Streusel in der Form verteilen, dabei darauf achten, dass alle Stellen bedeckt sind. Den Streuselteigboden im vorgeheizten Ofen (Mitte) etwa 10 Minuten goldbraun backen. Aus dem Ofen nehmen und in der Form abkühlen lassen. Inzwischen die Ofentemperatur auf 150 °C reduzieren.

3. Für die Füllung den Doppelrahmfrischkäse mit saurer Sahne, Zucker, Ei, Vanillemark, Zitronenabrieb und Salz in einem hohen Rührbecher mit dem Stabmixer zu einer glatten Creme pürieren. Dabei darauf achten, keine Luft einzuarbeiten.

4. Die Füllung auf dem abgekühlten Boden verteilen. Den Kuchen im Ofen (Mitte) 30–35 Minuten backen. Die Masse sollte in der Mitte noch leicht beweglich sein – ähnlich einem Wackelpudding – sie wird im Nachhinein noch fester.

5. Den Cheesecake in der Form auf einem Kuchengitter mindestens 2 Stunden bei Zimmertemperatur abkühlen lassen. Anschließend in den Kühlschrank stellen, bis das exotische Gelee vorbereitet ist.

6. Für das Gelee die Gelatine 10 Minuten in kaltem Wasser einweichen. Die Fruchtpürees mit dem Vanillemark in einem Topf erwärmen, die Gelatine ausdrücken und darin auflösen. Das exotische Gelee vorsichtig auf dem gekühlten Cheesecake verteilen. Den Kuchen zum Festwerden des Gelees etwa 2 Stunden zugedeckt in den Kühlschrank stellen und bis zum Servieren dort aufbewahren. Vor dem Servieren den Rand mit gerösteten Kokosraspel bestreuen.

DOUBLE CHOCOLATE CHIP COOKIES

Schwierigkeitsgrad: einfach
Zubereitung: ca. 20 Min. + Abkühlzeit
Backzeit: ca. 13 Min.

Für 15 Stück

FÜR DEN TEIG

110 g Mehl
3 g Backpulver
15 g Kakaopulver
1 Prise Salz
1 Prise geriebene Tonkabohne
1 g gemahlener Zimt
420 g Zartbitterkuvertüre
100 g Pekannüsse
100 g Butter
2 Eier
100 g Zucker
40 g brauner Rohrzucker
20 g Vanillezucker
Mark von 1 Vanilleschote

AUSSERDEM

Eisportionierer

1. Den Backofen auf 170 °C Umluft vorheizen und ein Backblech mit Backpapier belegen.

2. Für den Teig das Mehl mit Backpulver, Kakaopulver, Salz, Tonkabohne und Zimt in einer Schüssel mischen. Kuvertüre und Pekannüsse grob hacken. Die Butter in einem kleinen Topf schmelzen, 200 g Kuvertüre zugeben und zu einer glänzenden glatten Masse verrühren. Die Eier mit den verschiedenen Zuckern und Vanillemark mit dem Schneebesen in der Küchenmaschine schaumig schlagen, bis die Masse hell ist. Die Schokoladen-Butter-Mischung zugeben und unterrühren. Die Mehlmischung zügig unterheben. Zum Schluss die restliche Kuvertüre (220 g) und die Pekannüsse unterheben.

3. Den Teig mit einem Eisportionierer abstechen, die Kugeln mit Abstand auf das Backpapier setzen und im vorgeheizten Ofen (Mitte) etwa 13 Minuten backen. Aus dem Ofen nehmen und auf einem Kuchengitter abkühlen lassen.

TIPP

Für eine Variante dieser Cookies weiße Schokolade mit Macadamia kombinieren. Und wer Lust hat, gibt nach dem Backen feinen Orangenabrieb darüber – mega lecker.

CRANBERRY-PEKAN-BROWNIE

Schwierigkeitsgrad: leicht
Zubereitung: ca. 30 Min. + Abkühlzeit
Backzeit: 30–35 Min.

Für ca. 20 Stück

400 g Zartbitterkuvertüre
100 g weiße Kuvertüre
100 g Pekannüsse
220 g Butter
150 g Mehl
2 TL Backpulver
¼ TL Salz
4 Eier
400 g Zucker
Mark von 1 Vanilleschote
100 g Cranberrys
½ TL Meersalzflocken

AUSSERDEM

1 Form (28 × 24 cm)
Butter für die Form

1. Für den Teig dunkle und weiße Kuvertüre sowie die Pekannüsse grob hacken. Dunkle Kuvertüre und Butter in einer Metallschüssel über einem warmen Wasserbad schmelzen und glatt rühren. Das Mehl mit Backpulver und Salz in einer Schüssel mischen. Den Backofen auf 180 °C Umluft vorheizen. Die Form mit Backpapier auslegen.

2. Die Eier mit Zucker und Vanillemark mit den Quirlen des Handrührgeräts auf mittlerer Stufe dick cremig aufschlagen. Die geschmolzene Kuvertüre-Butter-Mischung nach und nach unter die Eier-Zucker-Mischung rühren. Die Mehlmischung bei niedriger Geschwindigkeit kurz unterziehen. Zum Schluss die weiße Kuvertüre mit Pekannüssen und Cranberrys unter die Masse heben.

3. Den Teig in die Form geben, glatt streichen und mit Meersalzflocken bestreuen. Im vorgeheizten Ofen (Mitte) 30–35 Minuten backen, bis an der Oberfläche eine krosse Schicht aus karamellisiertem Zucker entstanden ist. Aus dem Ofen nehmen, den gebackenen Brownie in der Form auskühlen lassen und anschließend in etwa 20 gleich große Stücke schneiden.

FACT

Dieser Brownie ist in Anlehnung an eine Variante entstanden, die ich in San Francisco im Restaurant von Dominique Crenn gegessen habe. Die Konsistenz war perfekt saftig, das Aroma und der Schokogeschmack der Hammer.

BAGELS

Schwierigkeitsgrad: anspruchsvoll
Zubereitung: ca. 2 Std. + ca. 1 Std. Ruhezeit + Abkühlzeit
Backzeit: ca. 25 Min.

Für 6 Stück

FÜR DEN TEIG

35 g Frischhefe
120 g Zuckerrübensirup
15 g Pflanzenöl,
plus etwas mehr
120 g Weizen-Vollkornmehl
115 g Roggenmehl
150 g Mehl
22 g Kakaopulver
8 g Instant-Kaffee
8 g Kümmelsamen
20 g Salz

FÜR DAS TOPPING

10 g Sesamsamen
10 g Schwarzkümmelsamen
10 g Mohnsamen
10 g Fenchelsamen
6 g Röstzwiebeln
1 Eiweiß

1. Für den Teig die Hefe in 50 ml lauwarmem Wasser auflösen. 175 g Wasser mit Zuckerrübensirup und Öl leicht erwärmen, bis sich der Sirup aufgelöst hat.

2. Die restlichen Zutaten bis auf das Salz in eine Rührschüssel geben und vermischen. Mit dem Knethaken in der Küchenmaschine auf kleinster Stufe laufen lassen, dann das Hefewasser und die Zuckerrübensirup-Mischung nach und nach zugeben und etwa 10 Minuten kneten.

3. Das Salz zufügen und weitere 5–10 Minuten kneten, bis sich der Teig vom Schüsselrand löst. Den Teig zu einer Kugel formen und in einer leicht geölten Schüssel 30 Minuten an einem warmen Ort gehen lassen.

4. Für das Topping alle Zutaten bis auf das Eiweiß in einer Schüssel vermischen. Backpapier in sechs 12 × 12 cm große Stücke schneiden.

5. Den Teig nochmals durchkneten, in sechs gleich große Teiglinge teilen und zu Kugeln formen. Die Kugeln ein wenig flach drücken und mit dem Daumen ein Loch in die Mitte drücken. Das Loch auf 5–6 cm ausdehnen, sodass der Rand überall gleich dick ist. Die Bagels auf die Backpapierzuschnitte legen und abgedeckt gehen lassen, bis sich ihre Größe etwa verdoppelt hat.

TIPP

Da der Teig etwas klebrig ist, die Hände besser mit etwas Pflanzenöl einfetten, statt den Teig mit Mehl zu bearbeiten und zu formen.

FÜR DEN SUD

1 Flasche (0,33 l) Malzbier

AUSSERDEM

Pinsel

6. Inzwischen für den Sud 1 l Wasser und das Malzbier in einem Topf aufkochen. Den Backofen auf 210 °C Umluft vorheizen. Ein Blech mit Backpapier belegen.

7. Die Bagels kopfüber in den leicht siedenden Sud legen und das Backpapier langsam abziehen. Nach etwa 1 Minute vorsichtig mit einer Schaumkelle wenden und eine weitere Minute sieden lassen. Aus dem Sud nehmen, kurz abtropfen lassen und auf das vorbereitete Blech legen. Mithilfe eines Pinsels mit Eiweiß bestreichen und mit dem Topping bestreuen. Die Bagels im vorgeheizten Ofen (Mitte) etwa 25 Minuten backen. Aus dem Ofen nehmen und auf einem Gitter auskühlen lassen.

APPLE PIE IN DER PFANNE GEBACKEN

Schwierigkeitsgrad: leicht
Zubereitung: ca. 25 Min. + Abkühlzeit
Backzeit: 40–45 Min.

Für 1 Pie

FÜR DEN TEIG

150 g Mehl
2 TL Backpulver
50 g Maisstärke
1 Prise Salz
100 g Butter
60 g Zucker
40 g Vanillezucker
3 Eier
Abrieb von 1 Bio-Zitrone
½ TL gemahlener Zimt
Mark von ½ Vanilleschote
1 Prise geriebene Muskatnuss

FÜR DIE FÜLLUNG

4 Äpfel (Golden Delicious)
2 Äpfel (Braeburn)
1,5 TL gemahlener Zimt
80 g Zucker

FÜR DIE STREUSEL

100 g Mehl
100 g Zucker
80 g Butter
Mark von 1 Vanilleschote
1 g Salz

AUSSERDEM

1 ofenfeste Pfanne (Ø 28 cm)
50 g Mandelblättchen
Puderzucker

1. Den Backofen auf 180 °C Umluft vorheizen.

2. Für den Teig alle Zutaten in einer Schüssel zu einem glatten Teig verkneten. Den Teig in die Pfanne geben und diese damit auskleiden.

3. Für die Füllung die Äpfel waschen, vierteln, das Kerngehäuse entfernen und in kleine Stücke schneiden. In einer Schüssel mit Zimt und Zucker vermengen. Die Apfelmischung auf dem Boden verteilen.

4. Für die Streusel alle Zutaten mischen und mit den Händen oder den Knethaken des Handrührgeräts zu Streuseln verarbeiten. Die Streusel gleichmäßig auf den Äpfeln verteilen und mit Mandelblättchen bestreuen. Im vorgeheizten Ofen (Mitte) 40–45 Minuten goldbraun backen. Aus dem Ofen nehmen und auf einem Gitter auskühlen lassen. Mit Puderzucker verzieren.

TIPP

Apple Pie in der Pfanne? Das beste Familiendessert: Einfach in die Mitte des Tisches stellen, jeder nimmt sich einen Löffel und los gehts.

PUMPKIN PIE

Schwierigkeitsgrad: einfach
Zubereitung: ca. 50 Min. + ca. 2. Std. Kühlzeit + Abkühlzeit
Backzeit: ca. 30 Min.

Für 1 Pie

FÜR DEN TEIG

220 g Hokkaido-Kürbis
195 g Mehl
3 g Backpulver
2 g Natron
1 g gemahlener Zimt
1 g Muskatnuss, gerieben
135 g Zucker
2 Eier
Abrieb von 1 Bio-Orange
Mark von 1 Vanilleschote
2 g Salz
130 g Kürbiskernöl
25 g Kürbiskerne

FÜR DIE KARAMELL-SAUCE

120 g Crème double
50 g Zucker
Mark von 1 Vanilleschote
20 g Zartbitterkuvertüre

FÜR DIE FÜLLUNG

½ Blatt Gelatine
350 g Sahne
(oder Rama Cremefine zum Aufschlagen)
Mark von 1 Vanilleschote

AUSSERDEM

Spritzbeutel
Küchenreibe
1 Springform (Ø 20 cm)
Butter für die Form
Kürbiskerne, geröstet und gehackt (nach Belieben)

1. Den Backofen auf 165 °C Umluft vorheizen.

2. Für die Karamellsauce die Crème double in einem Topf leicht erwärmen. Den Zucker in einem Topf bei mittlerer Hitze karamellisieren. Die Crème double zugeben und bei schwacher bis mittlerer Hitze unter gelegentlichem Rühren leicht weiterkochen lassen, bis sich die festen Karamellstücke aufgelöst haben. Vanillemark und Kuvertüre zugeben und glatt rühren. Mit Frischhaltefolie abgedeckt auskühlen lassen und in einen Spritzbeutel füllen.

3. Für den Teig den Kürbis schälen und mit der Küchenreibe fein raspeln. Das Mehl mit Backpulver, Natron, Zimt und Muskatnuss vermischen. Den Zucker mit Eiern, Orangenabrieb, Vanillemark und Salz in einer Schüssel mit den Quirlen des Handrührgeräts auf mittlerer Stufe etwa 10 Minuten aufschlagen. Nach und nach das Kürbiskernöl unterrühren und ein paar Minuten weiterrühren. Kürbis und Kürbiskerne zugeben und mit einem Teigschaber unterheben. Zum Schluss die Mehlmischung unterarbeiten.

4. Die Springform mit Butter einfetten. Den Kürbisteig in die Springform geben, glatt streichen und im vorgeheizten Ofen (Mitte) etwa 30 Minuten backen. Aus dem Ofen nehmen und auf einem Gitter auskühlen lassen.

5. Für die Füllung mit Sahne: Die Gelatine 5 Minuten in kaltem Wasser einweichen. 50 g Sahne mit dem Vanillemark aufkochen und die ausgedrückte Gelatine darin auflösen. Die heiße Flüssigkeit in eine Schüssel umfüllen, nach und nach die restliche kalte Sahne (300 g) unterrühren. Die Sahne etwa 10 Minuten kalt stellen und anschließend in einer Küchenmaschine steif schlagen.

6. Für die Füllung mit Rama Cremefine: Rama und Vanillemark mit dem Schneebesen in einer Küchenmaschine steif schlagen.

7. Den Kürbisboden zweimal waagerecht durchschneiden, den untersten Boden mit etwas Vanillesahne bestreichen. Aus Karamellsauce mit jeweils 2 cm Abstand konzentrische Kreise aufspritzen. Den zweiten Boden darauflegen und ebenfalls Sahne und Karamellsauce aufstreichen und dressieren. Den Deckel aufsetzen und die Seiten sowie den Rand des Deckels mit Sahne bestreichen. Den Kuchen 2 Stunden kalt stellen. Nach Belieben mit gerösteten und gehackten Kürbiskernen bestreuen.

PANCAKES

Schwierigkeitsgrad: einfach
Zubereitung: ca. 15 Min. + 30 Min. Ruhezeit

Für 8–10 Stück

FÜR DEN TEIG

150 g Mehl
8 g Backpulver
3 g Salz
30 g Butter
35 g Honig
115 g Schlagsahne
100 g Milch
1 Ei
Mark von ½ Vanilleschote

AUSSERDEM

1 beschichtete Pfanne
Pflanzenöl
Ahornsirup
Puderzucker

1. Für den Teig das Mehl mit Backpulver und Salz in einer Schüssel mischen und sieben. Butter und Honig in einem kleinen Topf erwärmen und mit Sahne, Milch, Ei und Vanillemark zu einer glatten Masse verrühren. Nach und nach die Flüssigkeit mit der Mehlmischung zu einem glatten Teig verrühren. Den Teig mit Frischhaltefolie abdecken und bei Raumtemperatur 30 Minuten ruhen lassen.

2. In einer beschichteten Pfanne etwas Pflanzenöl erhitzen und mit einem Esslöffel portionsweise so viel Teig in die heiße Pfanne geben, dass kleine Pancakes (Ø etwa 6 cm) entstehen. Bei mittlerer Hitze auf beiden Seiten goldbraun backen und warm stellen. Mit Ahornsirup und Puderzucker verzieren.

»Ich kann Pancakes
zu jeder Tageszeit essen.«

TIPP

Achtung: Die Pfanne auf keinen Fall zu stark erhitzen, die kleinen Pancakes verbrennen schnell. Sie dürfen nur goldbraun sein.

DONUTS

Schwierigkeitsgrad: einfach
Zubereitung: ca. 25 Min. + ca. 50 Min. Ruhezeit + Abkühlzeit
Backzeit: ca. 5 Min.

Für 20 Stück

FÜR DEN TEIG

25 g Frischhefe
175 ml Milch, kalt
25 g Zucker
1 Ei
1 Eigelb
45 g Butter
Mark von 1 Vanilleschote
420 g Mehl (Type 550)
1 Prise Salz

AUSSERDEM

Mehl zum Verarbeiten
Ausstechformen
(Ø 2 und 7 cm)
2 l Frittieröl
Digitales Küchenthermometer

1. Für den Teig die Hefe in der kalten Milch, gemischt mit 10 g kaltem Wasser, auflösen. Die restlichen Zutaten zugeben und mit dem Knethaken in der Küchenmaschine zuerst 5 Minuten auf niedriger Stufe, anschließend 5 Minuten auf mittlerer Stufe kneten. Den Teig zu einem Ball formen und in einer bemehlten Schüssel etwa 30 Minuten an einem kalten Ort ruhen lassen.

2. Den Hefeteig beim Zimmertemperatur auf einer leicht bemehlten Arbeitsfläche ausrollen (1 cm Dicke), mit einer Ausstechform (Ø 7 cm) Kreise ausstechen und jeweils einen weiteren kleinen Kreis (Ø 2 cm) in der Mitte ausstechen. Die Teiglinge auf ein mit Backpapier belegtes Blech setzen und an einem warmen Ort 20 Minuten gehen lassen.

3. Inzwischen das Frittieröl in einem hohen Topf auf 180 °C vorheizen, die Temperatur mit einem Küchenthermometer kontrollieren. Die Teiglinge ins heiße Öl einlegen und beide Seiten goldgelb frittieren. Mit einer Schaumkelle herausheben, abtropfen lassen und zum Entfetten auf Küchenpapier legen. Die ausgekühlten Donuts mit Puderzucker bestreuen.

TIPP

Den Topf kurz mit einem Deckel abdecken, dann bekommen die Donuts beim Frittieren ein schönes Volumen.

TORTILLAS

Schwierigkeitsgrad: einfach
Zubereitung: ca. 20 Min. + ca. 10 Min. Ruhezeit + Abkühlzeit
Backzeit: ca. 2 Min.

Für 15 Stück

240 g Maismehl
¼ TL gemahlener Zimt
½ TL Salz

AUSSERDEM

Tortillapresse
oder Nudelholz
Mango
Saft und Abrieb von
1 Bio-Limette
Pfanne
Agavendicksaft

1. Das Maismehl mit Zimt und Salz in einer Schüssel mischen. 300 g Wasser in einem Topf kurz aufkochen, über die Mehlmischung gießen und zu einem Teig kneten. Eventuell etwas mehr Maismehl oder Wasser zugeben, bis eine kneteähnliche Konsistenz entsteht. Den Teig abdecken und 10 Minuten quellen lassen.

2. Den Teig in 15 gleich große Teiglinge teilen und zu Kugeln formen. Die Kugeln zwischen zwei Stücke Backpapier legen und mit einer Tortillapresse oder einem Nudelholz etwa 2 mm dünne Tortillas pressen/ausrollen. Dabei darauf achten, dass die Kugeln und Tortillas stets abgedeckt sind, da sie sonst schnell austrocknen.

3. Für das Topping die Mango schälen und in Würfel schneiden. Mit etwas Limettensaft und -abrieb abschmecken.

4. Die Pfanne bei mittlerer Temperatur erhitzen und die Tortillas von jeder Seite etwa 1 Minute backen.

5. Die Tortillas mit Mangosalat servieren und nach Belieben mit etwas Agavendicksaft süßen.

TIPP

Der Teig für diese Tortillas ist ganz klassisch gehalten. Im Original werden die kleinen Fladen in Südamerika mit herzhafter Füllung serviert. Aber da Mais einen süßlichen Geschmack hat, habe ich ihn mit Fruchtsalat kombiniert. Ein perfektes Match! Geht natürlich auch mit beliebigen anderen reifen Früchten.

MAIS-BLINIS MIT POPCORN-SAHNE

Schwierigkeitsgrad: einfach
Zubereitung: ca. 30 Min. + ca. 12 Std. Kühlzeit + Abkühlzeit
Backzeit: 3–5 Min.

Für ca. 25 Stück

FÜR DIE POPCORN-CHANTILLY

30 g Popcornmaiskörner
500 g Schlagsahne, plus mehr zum Auffüllen
75 g weiße Kuvertüre
1 Blatt Gelatine
15 g brauner Rohrzucker
Mark von 1 Vanilleschote

FÜR DIE MAIS-BLINIS

75 g Mehl
5 g Backpulver
20 g Maisstärke
2 Eier
1 Prise Salz
7 g Vanillezucker
3 Msp. Currypulver
1 Msp. geriebene Muskatnuss
Mark von 1 Vanilleschote
150 g Mais (Dose), abgetropft
12 g Zucker

AUSSERDEM

1 Pfanne
Pflanzenöl

1. Für die Popcorn-Chantilly die Maiskörner in einem Topf oder der Mikrowelle aufpoppen lassen. Die Sahne in einem Topf leicht erwärmen, das Popcorn zugeben und verrühren. Die Popcorn-Sahne mindestens 2 Stunden ziehen lassen.

2. Die Kuvertüre grob hacken und in ein hohes Gefäß geben. Die Gelatine 5 Minuten in kaltem Wasser einweichen. Das Popcorn absieben und gut ausdrücken. Die Popcorn-Sahne abwiegen, falls weniger als 300 g entstehen, mit Sahne wieder auffüllen. ⅓ der Sahne mit Rohrzucker und Vanillemark aufkochen. Die ausgedrückte Gelatine darin auflösen und über die Kuvertüre gießen. Mit einem Stabmixer zu einer glatten Masse verarbeiten und anschließend die restliche Popcorn-Sahne zugeben und vermengen. Abgedeckt über Nacht kalt stellen.

3. Für die Mais-Blinis Mehl, Backpulver und Maisstärke in einer Schüssel mischen und die Eier trennen. Die Eigelbe mit Vanillezucker, Currypulver, Muskatnuss, Vanillemark und dem Mais mit einem Stabmixer einige Minuten pürieren. Eiweiße und Zucker mit den Quirlen des Handrührgeräts zu Schnee schlagen und unter die Eigelbmasse heben. Zum Schluss die Mehlmischung unterheben.

4. Die Popcorn-Chantilly mit den Quirlen des Handrührgeräts cremig aufschlagen.

5. Eine Pfanne mit etwas Pflanzenöl erhitzen. Mit einem Esslöffel portionsweise Teig in die heiße Pfanne geben und bei mittlerer Hitze von beiden Seiten goldbraun backen.

6. Die warmen Blinis mit der aufgeschlagenen Chantilly servieren.

PICARONES

Schwierigkeitsgrad: anspruchsvoll
Zubereitung: ca. 50 Min. + ca. 90 Min. Ruhezeit + Abkühlzeit
Backzeit: 2–4 Min.

Für ca. 13 Stück

FÜR DEN SIRUP

130 g Ahornsirup
130 g brauner Rohrzucker
1 EL gemahlener Anis
1 Zimtstange
4 Gewürznelken

FÜR DEN TEIG

1,5 TL Anissamen
160 g Süßkartoffel
160 g Hokkaido-Kürbis
300 g Mehl
5 g Frischhefe
45 g Zucker
½ TL Salz
50 g Cola

AUSSERDEM

2 l Frittieröl
zum Frittieren
Digitales Küchenthermometer
Holzkochlöffel

1. Für den Sirup alle Zutaten mit 375 g Wasser in einem Topf aufkochen und auf die Hälfte reduzieren. Den Sirup durch ein Sieb passieren und auskühlen lassen.

2. Für den Teig 150 g Wasser mit einem 1 TL Anissamen in einem Topf aufkochen. Den Topf vom Herd nehmen, 10 Minuten ziehen lassen und durch ein Sieb passieren.

3. Süßkartoffel und Kürbis jeweils in leicht gesalzenem Wasser weich kochen. Beides mit einem Stabmixer fein pürieren. Das Püree mit dem Anistee und den restlichen Zutaten mit dem Knethaken in der Küchenmaschine 20 Minuten zu einem weichen Teig verarbeiten. Anschließend abgedeckt etwa 1 Stunde 30 Minuten gehen lassen.

4. Inzwischen das Frittieröl in einem hohen Topf auf 170 °C vorheizen, die Temperatur mit einem Küchenthermometer kontrollieren. Mit leicht feuchten Händen etwas Teig (etwa 40 g) aufnehmen und mit den Fingern einen Ring (Ø 8–10 cm) formen. Vorsichtig in das heiße Öl gleiten lassen und mit dem Stiel eines Holzkochlöffels das Loch des Rings drehen, sodass sich dieser im Öl um den Stiel dreht. Auf diese Weise bekommt das Gebäck eine schöne Form. Nach 2–4 Minuten mit einer Schaumkelle herausheben, abtropfen lassen und zum Entfetten auf Küchenpapier legen. Diesen Vorgang solange wiederholen, bis der Teig aufgebraucht ist. Die warmen Picarones nach Belieben mit dem Sirup beträufeln.

»Einfach geil!
Mehr gibt es dazu nicht zu sagen.«

ALFAJORES

Schwierigkeitsgrad: einfach
Zubereitung: ca. 30 Min. + 3–4 Std. Kochzeit
+ 1 Std. Kühlzeit + Abkühlzeit
Backzeit: 8–12 Min.

Für 8–10 Stück

FÜR DIE DULCHE DE LECHE

1 Dose gezuckerte Kondensmilch (400 g)

FÜR DEN TEIG

70 g Mehl, plus mehr zum Verarbeiten
150 g Maisstärke
5 g Backpulver
5 g Matchateepulver
1 Prise gemahlener Zimt
1 Prise gemahlener Kardamom
25 g Milch
3 Eigelb
Mark von ½ Vanilleschote
80 g Butter, zimmerwarm
35 g Puderzucker, gesiebt

AUSSERDEM

Ausstechring (Ø 5 cm)
Spritzbeutel

1. Für die Dulce de Leche die Dose Kondensmilch in einen Topf geben. Bis 2 cm über den Rand der Dose mit Wasser füllen und 3–4 Stunden köcheln lassen. Aus dem Topf nehmen und auskühlen lassen.

2. Für den Teig Mehl, Maisstärke, Backpulver, Matcha, Zimt und Kardamom in einer Schüssel mischen. Die Milch mit Eigelben und Vanillemark verrühren. Butter und Puderzucker mit den Quirlen des Handrührgeräts aufschlagen. Die Mehlmischung unter langsamem Rühren zugeben. Dann die Milchmischung zugeben und so lange rühren, bis eine mürbeteigähnliche Konsistenz entsteht. Mit der Hand zu einem glatten Teig kneten. Den Teig zu einer Kugel formen, flach drücken und in Frischhaltefolie gewickelt etwa 1 Stunde kalt stellen.

3. Inzwischen den Backofen auf 190 °C Umluft vorheizen. Ein Backblech mit Backpapier belegen. Den Teig auf einer leicht bemehlten Arbeitsfläche (5 mm Dicke) ausrollen und ausstechen. Die Kekse mit etwas Abstand auf dem Backpapier verteilen und im vorgeheizten Ofen (Mitte) 8–12 Minuten backen. Aus dem Ofen nehmen und auskühlen lassen.

4. Die ausgekühlte Dulce de Leche in einer Schüssel glatt rühren und in einen Spritzbeutel füllen. Etwas Dulce de Leche (10 g) auf die Unterseite eines Kekses geben, jeweils einen zweiten mit der Unterseite daraufsetzen und leicht zusammendrücken.

FACT

Dieses Rezept hat einer meiner Mitarbeiter entwickelt, Arthur Richter. Danke dafür! Die Dulce-de-Leche-Füllung ist ganz klassisch für diese gefüllten Doppelkekse, mit dem Matchatee im Teig geben wir ihnen neben einer tollen Farbe auch einen ganz individellen Touch.

FRANKREICH

Croissant
‣ Seite 142

SPANIEN

Crema-Catalana-Tarte
‣ Seite 153

ITALIEN

Panettone
‣ Seite 161

PORTUGAL

P

Pastel de Nata
▸ Seite 157

ROUTE 4

Als erste Station der nächsten Route machen wir einen Abstecher ins Land der Königsklasse des Backens und der Patisserie. Wie soll es auch anders sein, die Rede ist von Frankreich! Wer dieses Land besucht, kommt nicht herum um das »Nationalheiligtum« – köstlichste Süßigkeiten, die weltweit alle Herzen gewinnen und die meistens auch von hoher Backkunst zeugen. Ob zartes Croissant, fluffige Brioche oder beeindruckende Saint-Honoré-Torte – sie alle fordern etwas Zeit und Können, belohnt wird man allerdings mit echten Gaumenschmeichlern. Mein Herz schlägt auf jeden Fall ganz besonders für die französische Patisserie. In Spanien und Portugal kosten wir danach Klassiker wie beispielsweise die frittierten Stangen aus Brandmasse namens »Churros«, die es an jeder Ecke zu kaufen gibt. Besonders lecker sind meine Versionen der berühmten cremegefüllten Köstlichkeiten: Die Crema Catalana als Tarte und die Puddingtörtchen Pastel de Nata, die bekanntesten Vertreter der traditionellen portugiesischen Süßspeisen im Hümbs-Style. Einen würdigen Abschluss findet unsere Tour in Bella Italia, wo die Dolci auf jeden Fall zur »süßen« Lebensart gehören und zwar das ganze Jahr über – zum Beispiel in Form des weltbekannten Mailänder Weihnachtskuchens Panettone.

BRIOCHE

Schwierigkeitsgrad: einfach
Zubereitung: ca. 20 Min. + ca. 1 Std. Ruhezeit + Abkühlzeit
Backzeit: 15–20 Min.

Für 2 Stück

FÜR DEN TEIG

60 g Milch
40 g Frischhefe
500 g Mehl
50 g Zucker
10 g Salz
150 g Eigelb
80 g Eiweiß
170 g Butter

AUSSERDEM

2 Kastenformen
Butter und Mehl für die Formen
Eistreiche (s. S. 45)

1. Die Formen mit Butter einfetten und mit Mehl bestäuben.

2. Für den Teig alle Zutaten mit dem Knethaken in der Küchenmaschine zu einem glatten Teig verarbeiten. Den Teig auf eine bemehlte Arbeitsfläche geben und in 10 gleich große Stücke teilen. Diese zu Kugeln formen und in die vorbereiteten Kastenformen legen. Darin abgedeckt 1 Stunde ruhen lassen.

3. Inzwischen den Backofen auf 170 °C Umluft vorheizen.

4. Die Teigkugeln mit Eistreiche bepinseln und im vorgeheizten Ofen (Mitte) 15–20 Minuten goldbraun backen. Aus dem Ofen nehmen und auf einem Gitter auskühlen lassen.

TIPP

Für ein besonderes Geschmackserlebnis die Brioche in Scheiben schneiden, mit Butter bepinseln, in Zucker tauchen und in einer Pfanne ankaramellisieren.

CANELÉ

Schwierigkeitsgrad: anspruchsvoll
Zubereitung: ca. 25 Min. + ca. 12 Std. Kühlzeit
+ 10 Min. Ruhezeit + 10–15 Min. Tiefkühlzeit
Backzeit: 70–75 Min.

Für 8 Stück

250 ml Milch
25 g Butter
Mark von ½ Vanilleschote
50 g Mehl
125 g Zucker
1 Eigelb
1 Ei
50 ml Rum (Stroh 80)

AUSSERDEM

Pralinentrichter
1 Canelé-Backblech
(Ø Mulden 5,5 cm)

1. Milch, Butter und Vanillemark in einem Topf langsam zum Kochen bringen. Mehl, Zucker und die Eier in einer Schüssel mit dem Schneebesen verrühren. Die kochende Milchmischung nach und nach unter Rühren zur Eimischung gießen. Die Masse mithilfe eines Stabmixers etwa 5 Minuten glatt arbeiten. Den Rum zugeben und weitere 2 Minuten mixen. Die Masse durch ein Sieb passieren, zugedeckt bei Zimmertemperatur abkühlen lassen und über Nacht kühl stellen.

2. Den Backofen auf 190 °C Umluft vorheizen.

3. Die Masse mit einem Stabmixer emulgieren, in einen Pralinentrichter abfüllen und 10 Minuten ruhen lassen. Die Mulden des Backblechs im Anschluss bis knapp unter den Rand füllen.

4. Die Canelé im vorgeheizten Ofen (Mitte) 1 Stunde 10 Minuten – 1 Stunde 15 Minuten dunkelbraun backen. Aus dem Ofen nehmen und 10–15 Minuten in den Tiefkühler stellen. Vorsichtig aus der Form lösen und auskühlen lassen.

TIPP

Durch das Kaltstellen im Tiefkühler erhält die Oberfläche der Canelé einen schönen Glanz.

TARTE AU CITRON

Schwierigkeitsgrad: anspruchsvoll
Zubereitung: ca. 45 Min. + ca. 4 Std. Kühlzeit + Abkühlzeit
Backzeit: ca. 20 Min.

Für 1 Tarte

FÜR DEN MÜRBETEIG

150g Butter
100g Puderzucker
1 Ei
Mark von 1 Vanilleschote (nach Belieben)
1 Prise Salz
250g Mehl, plus mehr zum Verarbeiten
30g blanchierte, gemahlene Mandeln

FÜR DAS ZITRONENSCHALENPÜREE

90g Bio-Zitronenschale, in Streifen
45g Zucker
25g Butter
100g Zitronensaft
70g Crème fraîche

FÜR DIE YUZUFÜLLUNG

120g Yuzupüree (Boiron über Bosfood)
12g Zitronenschalenpüree (s. o.)
100g Zucker
120g Ei
220g kalte Butter, in kleinen Stücken

FÜR DIE MERINGUE

100g Zucker
50g Glukosesirup
75g Eiweiß

1. Für die Tarte wie auf Seite 211 beschrieben den Mürbeteig vorbereiten und die Tarte blindbacken.

2. Inzwischen etwas weiße Kuvertüre über einem warmen Wasserbad schmelzen. Vorsichtig die Tarte aus der Form lösen und mit geschmolzener Kuvertüre einpinseln, damit der Boden nicht durchweicht.

3. Für das Zitronenschalenpüree die Zitronenschalen dreimal blanchieren und in Eiswasser abschrecken. Nach jedem Blanchieren das Wasser wechseln. Zucker, 15g Wasser und Butter in einem Topf aufkochen und mit blanchierten Zitronenschalen und Zitronensaft in ein hohes Gefäß geben. Mithilfe eines Stabmixers zu einem feinen Püree verarbeiten. Zum Schluss die Crème fraîche unterheben.

4. Für die Yuzufüllung Yuzupüree, Zitronenschalenpüree und Zucker in einem Topf zum Kochen bringen. Die kochende Mischung unter ständigem Rühren langsam zum Ei geben. Die Yuzu-Ei-Mischung zurück in den Topf geben und unter ständigem Rühren auf 84°C erhitzen (zur Rose abziehen). Nun die kalten Butterwürfel zugeben, verrühren und einige Minuten stehen lassen. Anschließend die Masse mit einem Stabmixer glatt pürieren, dabei darauf achten, keine Luft einzuarbeiten. Die Yuzumasse auf etwa 30°C abkühlen lassen und bis auf Randhöhe in die Tarte füllen. Die Tarte mindestens 4 Stunden kühl stellen.

TIPP

Das Rezept für das Zitronenschalenpüree ist eines unserer Basisrezepte in der Patisserie. Wir verwenden die Schale anstelle des Marks, da sie wesentlich intensiver schmeckt, aber eine weniger präsente Säure aufweist. Aus eben diesem Grund fügt man den meisten Rezepten auch Zitronenabrieb zu und nicht das Fruchtfleisch.

Übrig gebliebenes Zitronenschalenpüree kann eingefroren und anderweitig verwendet werden. Wer zitronige Aromen mag, kann Biskuitmassen mit 1 TL davon aromatisieren.

AUSSERDEM

1 Tarteform (Ø 20 cm)
Fett für die Form
getrocknete Hülsenfrüchte zum Blindbacken
weiße Kuvertüre
Backpinsel
Digitales Küchenthermometer
Spritzbeutel mit geschlossener Sterntülle
Küchenbrenner
Bio-Zitronenzesten zum Garnieren

5. Für die Meringue Zucker, Glukosesirup und 50 g Wasser in einem Topf auf 120 °C erhitzen. Die Temperatur mit einem Küchenthermometer kontrollieren. Inzwischen das Eiweiß mit dem Schneebesen in der Küchenmaschine auf mittlerer Stufe steif schlagen. Den heißen Zuckersirup langsam in einem dünnen Strahl einlaufen lassen. Die Masse auf mittlerer Stufe weiterschlagen, bis sie kalt ist. In einen Spritzbeutel mit geschlossener Sterntülle füllen und in mehreren Tupfen auf der Tarte verteilen. Mit einem Küchenbrenner leicht karamellisieren und mit Zitronenzesten garnieren.

CROISSANTS

Schwierigkeitsgrad: anspruchsvoll
Zubereitung: ca. 80 Min. + ca. 24 Std. Kühlzeit
+ 75 Min. Ruhezeit + Abkühlzeit
Backzeit: 15–20 Min.

Für 13 Stück

FÜR DEN TEIG

350 g Butter
540 g Mehl (Type 550)
50 g brauner Rohrzucker
12 g Salz
30 g Frischhefe
50 g Eiswürfel
5 g Honig

FÜR DIE EISTREICHE

1 Ei
20 g Milch

AUSSERDEM

Nudelholz

1. Für die Butterplatte 250 g Butter zwischen zwei Stücken Backpapier zu einem 25 × 20 cm großen Quadrat ausrollen. 100 g Butter in kleine Würfel schneiden. Die Butterplatte und die Butterwürfel kalt stellen.

2. Für den Teig das Mehl mit Rohrzucker und Salz mischen. Die Hefe in 190 g kaltes Wasser bröckeln und verrühren, bis sich die Hefe aufgelöst hat. Das Hefewasser, Eiswürfel, Honig und die Butterwürfel zur Mehlmischung geben und mit dem Knethaken in der Küchenmaschine bei niedriger Geschwindigkeit 10 Minuten kneten. Danach 5 Minuten bei mittlerer Geschwindigkeit weiterkneten, bis ein geschmeidiger, glatter Teig entstanden ist. Den Teig zu einer Kugel formen und zu einem Rechteck von 27 × 40 cm ausrollen. Den Teig in Frischhaltefolie wickeln und 24 Stunden kalt stellen.

3. Den Teig wie ab Seite 208 beim Blätterteig beschrieben tourieren. Anstelle von zwei einfachen und zwei doppelten Touren werden zwei doppelte Touren gegeben. Ein Backblech mit Backpapier belegen.

4. Den Teig zu einem länglichen Rechteck (25 cm Breite, etwa 4 mm Höhe) ausrollen. Den Teig anschließend auf einem gekühlten bzw. gefrorenen Brett in Dreiecke schneiden (Breite 10 cm, Länge 25 cm) und die einzelnen Teigdreiecke mit dem Nudelholz zur Spitze hin noch einmal etwas dünner ausrollen, sodass sie jeweils an der Kopfseite 4 mm dick bleiben und zur Spitze hin auf etwa 2 mm abgeflacht werden. Die Teiglinge dann vorsichtig und nicht allzu straff zu Croissants aufrollen. Mit dem Verschluss nach unten auf das vorbereitete Blech setzen, leicht feucht abdecken und etwa 1 Stunde 15 Minuten im Ofen bei eingeschaltetem Licht ruhen lassen.

5. Den Backofen auf 215 °C Umluft vorheizen. Die Zutaten für die Eistreiche verrühren. Die Croissants mit Eistreiche bepinseln und in den vorgeheizten Ofen (Mitte) geben. Sofort mit einer Sprühflasche reichlich Dampf in den Ofen sprühen und 10 Minuten backen. Die Ofentür kurz (etwa 3 Sekunden) öffnen, damit die Feuchtigkeit im Ofen entweichen kann und weitere 5–10 Minuten goldbraun fertigbacken. Aus dem Ofen nehmen und auf einem Gitter auskühlen lassen.

SAINT-HONORÉ-TORTE

Schwierigkeitsgrad: anspruchsvoll
Zubereitung: ca. 2 Std. + ca. 12 Std. Kühlzeit + Abkühlzeit
Backzeit: 20–25 Min. + 15–20 Min.

Für 1 Torte

FÜR DEN BLITZBLÄTTERTEIG

150 g Butter
190 g Mehl, plus mehr zum Verarbeiten
4 g Zucker
4 g Salz

FÜR DEN BRANDTEIG

42 g Milch
42 g Wasser
2 g Zucker
2 g Salz
28 g Butter
42 g Mehl
1 Ei

FÜR DAS KNUSPERBLATT

50 g Butter
60 g brauner Rohrzucker
60 g Mehl
Mark von ½ Vanilleschote
1 Prise Salz

FÜR DIE VANILLECREME

300 g Milch
30 g Zucker
Mark von 2 Vanilleschoten
1 Prise Salz
3 Eigelb
20 g Maisstärke

1. Am Vortag für die Chantilly die Gelatine (2 Blatt bei Verwendung von Sahne, ½ Blatt bei Verwendung von Rama Cremefine) 5 Minuten in kaltem Wasser einweichen. Die weiße Kuvertüre klein hacken und in ein hohes Gefäß geben. Die 100 g Sahne mit Rohrzucker und Vanillemark in einem Topf aufkochen. Die ausgedrückte Gelatine darin auflösen, über die Kuvertüre gießen und mit einem Stabmixer zu einer glänzenden Masse verrühren. Dann 300 g kalte Sahne (oder Rama Cremefine) zugeben und verrühren. Die Chantilly abgedeckt über Nacht kalt stellen.

2. Für den Blitzblätterteig die Butter in Würfel schneiden und kalt stellen. Die restlichen Zutaten mit 115 g Wasser mit dem Knethaken in der Küchenmaschine glatt kneten. Die Butterwürfel zugeben und kurz unterkneten, sodass die Butterstücke noch zu sehen sind. Auf einer leicht bemehlten Arbeitsfläche den Teig mit den Händen etwas nachkneten. Den Teig in Folie schlagen und rechteckig flach drücken. Anschließend 30 Minuten kalt stellen.

3. Den Blätterteig zuerst doppelt, dann einfach und nochmals doppelt tourieren wie ab Seite 208 beschrieben.

4. Den Teig auf einer leicht bemehlten Arbeitsfläche ausrollen (5 mm Dicke) und mit dem Tortenring ausstechen. Den Teig abgedeckt 20 Minuten kalt stellen.

5. Inzwischen den Backofen auf 220 °C Umluft vorheizen. Den Teig auf ein umgedrehtes Blech mit Backpapier legen. Ein weiteres Stück Backpapier darauflegen und mit einem zweiten Blech beschweren. Den Blätterteig im vorgeheizten Ofen (Mitte) 20–25 Minuten goldbraun backen. Aus dem Ofen nehmen und auskühlen lassen.

6. Für das Knusperblatt alle Zutaten in einer Schüssel verkneten. Den Teig zu einer Kugel formen, flach drücken und in Frischhaltefolie gewickelt 30 Minuten kalt stellen. Den Teig auf einer leicht bemehlten Arbeitsfläche ausrollen (3 mm Dicke) und mit dem Ausstechring Kreise herstellen.

7. Für die Vanillecreme Milch, Zucker, Vanillemark und eine Prise Salz in einem Topf zum Kochen bringen. Inzwischen die Eigelbe mit der Maisstärke in einer Schüssel mit dem Schneebesen verrühren. Die kochende Milchmischung nach und nach zur Eigelbmischung gießen und unterrühren. Die Creme zurück in den Topf geben und den Pudding unter ständigem Rühren nochmals etwa 1 Minute köcheln und andicken lassen. Von der Herdplatte nehmen und noch etwas weiterrühren, damit das Eigelb im heißen Pudding nicht gerinnt. Den Vanillepudding durch ein feines Sieb streichen, zugedeckt zunächst bei Zimmertemperatur abkühlen lassen. Dann direkt auf der Creme mit Frischhaltefolie abdecken, damit keine Haut entsteht, und anschließend etwa 1 Stunde in den Kühlschrank stellen.

8. Den Brandteig wie auf Seite 209 beschrieben vorbereiten. Inzwischen den Backofen auf 175 °C vorheizen und ein Blech mit Backpapier belegen. Den Teig in einen Spritzbeutel mit Tülle füllen und Kreise (Ø 2 cm) auf das Backpapier spritzen. Jeweils ein Knusperblatt auf eines dieser Profiteroles legen und im vorgeheizten Ofen (Mitte) 15–20 Minuten goldbraun backen. Auf einem Kuchengitter abkühlen lassen.

9. Den Zucker in einem kleinen Topf hell karamellisieren und die ausgekühlten Profiteroles vorsichtig in den Karamell tauchen, sodass eine dünne Karamellschicht auf der Oberfläche entsteht.

10. Die gekühlte Vanille-Chantilly in der Küchenmaschine aufschlagen. Inzwischen die Vanillecreme mit einem Schneebesen glatt rühren und in einen Spritzbeutel mit Tülle füllen. Die Profiteroles mit der Vanillecreme füllen und an den Rand des Blätterteigbodens setzen, bis der Kreis geschlossen ist. Die restliche Vanillecreme dünn auf dem Boden verteilen. Die Vanille-Chantilly ebenfalls in einen Spritzbeutel füllen und die Spitze vorne schräg abschneiden. Zuerst die Creme zwischen die Profiteroles geben und anschließend die Torte kreisförmig von außen nach innen füllen. Mittig auf die Torte ein gefülltes Profiterole setzen und alles 2 Stunden kalt stellen.

FÜR DIE VANILLE-CHANTILLY

2 (oder ½) Blatt Gelatine
100 g weiße Kuvertüre
100 g Schlagsahne
20 g brauner Rohrzucker
Mark von 1 Vanilleschote
300 g Schlagsahne (oder Rama Cremefine zum Aufschlagen), kalt

AUSSERDEM

1 Tortenring (Ø 22 cm)
Ausstechring (Ø 4 cm)
mehrere Spritzbeutel
glatte Spritztülle (Ø 8 mm)
200 g Zucker

Saint-Honoré-Torte
▸ Seite 144

Opéra
▸ Seite 148

OPÉRA

Schwierigkeitsgrad: anspruchsvoll
Zubereitung: ca. 80 Min. + ca. 3 Std. Kühlzeit + Abkühlzeit
Backzeit: ca. 8 Min.

Für 1 Torte

FÜR DEN BISKUIT

75 g Eigelb
2 Eier
70 g weiße Kuvertüre
50 g Butter
215 g Marzipanrohmasse
125 g Zucker
125 g Eiweiß
1 Prise Salz
70 g Mehl

FÜR DIE GLASUR

2,5 Blatt Gelatine
90 g Schlagsahne
130 g Zucker
40 g Kakaopulver

FÜR DIE SCHOKOLADEN-CRÉMEUX

150 g dunkle Kuvertüre (70 %)
30 g Eigelb
15 g Zucker
150 g Schlagsahne
150 g Milch

1. Für den Biskuit den Backofen auf 180 °C Umluft vorheizen und ein Backblech mit Backpapier belegen. Die Eigelbe mit den ganzen Eiern verrühren. Die Kuvertüre klein hacken und mit der Butter in einer Metallschüssel über einem warmen Wasserbad schmelzen und glatt rühren.

2. Die Marzipanrohmasse mit 50 g Zucker in einer Schüssel mit den Quirlen des Handrührgeräts aufschlagen. Nach und nach die Eigelbmischung unterrühren, dabei darauf achten, dass keine Klümpchen entstehen. Die Eiweiße mit dem Salz in einer Schüssel mit den Quirlen des Handrührgeräts auf mittlerer Stufe steif schlagen, dabei nach und nach 75 g Zucker einrieseln lassen. Den Eischnee unter die Marzipan-Ei-Mischung ziehen. Das Mehl ebenfalls unterheben. Zum Schluss die flüssige Schokoladenmasse unter den Teig heben.

3. Den Teig auf dem Backpapier verteilen und glatt streichen. Den Biskuit im vorgeheizten Ofen (Mitte) etwa 8 Minuten backen, dabei darauf achten, dass er nicht zu trocken ist. Den Biskuit aus dem Ofen nehmen und auf dem Blech abkühlen lassen. Dann auf ein zweites Stück Backpapier stürzen.

4. Für die Glasur die Gelatine 5 Minuten in kaltem Wasser einweichen. Die restlichen Zutaten sowie 17 g Wasser einmal aufkochen und die ausgedrückte Gelatine darin auflösen. Die Masse mit einem Stabmixer zu einer glatten Masse verarbeiten. Mit Frischhaltefolie abdecken, auskühlen lassen und bis zur weiteren Verwendung kalt stellen.

5. Für die Schokoladen-Crémeux die Kuvertüre grob hacken. Das Eigelb mit dem Zucker in einer Schüssel mischen. Die Sahne mit der Milch in einem Topf unter ständigem Rühren aufkochen. Die kochende Milchmischung unter starkem Rühren in die Eigelbmasse gießen. Die Creme zurück in den Topf geben und unter Rühren auf 80 °C erhitzen, sofort über die Kuvertüre gießen. Mit dem Stabmixer zu einer glatten Masse verarbeiten. Die Crémeux mit Frischhaltefolie abdecken und auskühlen lassen.

6. Für die Crème pâtissière den Zucker mit Eigelb und Stärke in einer Schüssel verrühren. Die Milch mit Vanillemark, Salz, Kaffeepulver und Butter unter ständigem Rühren aufkochen. Die kochende Milchmischung unter starkem Rühren in die Eigelbmasse gießen. Die Creme zurück in den Topf geben und unter Rühren nochmals kurz aufkochen lassen. Anschließend sofort in eine kalte Schüssel füllen und mit Frischhaltefolie bedeckt abkühlen lassen.

7. Für die Buttercreme das Eiweiß mit dem Zucker in einer Schüssel verquirlen und über einem warmen Wasserbad auf 60 °C warm schlagen. Dabei die Temperatur mit einem Küchenthermometer kontrollieren. Die Schüssel vom Wasserbad nehmen und weiterschlagen, bis die Masse kalt ist und glänzt. Die zimmerwarme Butter in einer Schüssel mit den Quirlen des Handrührgeräts aufschlagen, bis sie weiß ist. Nach und nach im Wechsel mit dem Eischnee zur Crème pâtissière geben und einrühren.

8. Für die Tränke 40 g Wasser mit dem Zucker in einem Topf zu einem Sirup kochen. Den Topf vom Herd nehmen und abkühlen lassen. Die restlichen Zutaten zugeben und verrühren.

9. Das obere Backpapier vom Biskuit abziehen und auf 34 × 34 cm zurechtschneiden, in den Rahmen geben und mit der Tränke bepinseln. Die Crèmeux darauf verteilen und im Tiefkühler 30 Minuten anfrieren lassen. Die Crème pâtissière daraufgeben und glatt streichen. Nochmals 30 Minuten in die Kühlung geben. Die Schnitte aus der Form lösen, in der Mitte durchschneiden und aufeinanderlegen. Bevor sie glasiert wird wieder kühlen.

10. Die Glasur vorsichtig in einem Topf auf 31 °C erwärmen und die Schnitte damit glasieren. Die Glasur im Kühlschrank fest werden lassen. Die Schnitte in gleich große Stücke schneiden.

FÜR DIE KAFFEE-CRÈME-PÂTISSIÈRE

20 g Zucker
35 g Eigelb
10 g Maisstärke
90 g Milch
Mark von 1 Vanilleschote
1 g Salz
5 g Instant-Kaffeepulver
45 g Butter

FÜR DIE BUTTERCREME

30 g Eiweiß
40 g Zucker
125 g Butter, zimmerwarm

FÜR DIE TRÄNKE

40 g Zucker
4 g Kakaopulver
20 g Espresso, frisch gekocht
20 g Grand Marnier

AUSSERDEM

Digitales Küchenthermometer
1 Backrahmen (34 × 34 cm)

CHURROS

Schwierigkeitsgrad: einfach
Zubereitung: ca. 30 Min.
Backzeit: 3–5 Minuten

Für 8–10 Stück

FÜR DEN BRANDTEIG

250 g Wasser
20 g Zucker
1 Prise Salz
Mark von ½ Vanilleschote
55 g Butter
150 g Mehl
1 Ei

AUSSERDEM

Spritzbeutel mit Sterntülle (Ø 11 mm)
2 l Frittieröl
Digitales Küchenthermometer
Zucker (nach Belieben)

1. Das Wasser mit Zucker Salz, Vanillemark und Butter in einem Topf aufkochen. Den Topf vom Herd nehmen, das Mehl auf einmal zugeben und unterrühren. Den Topf zurück auf den Herd stellen und die Masse etwa 1 Minute abbrennen. Dazu rühren, bis sie sich zu einem Kloß ballt und sich am Topfboden eine weiße Schicht gebildet hat.

2. Den Teig in eine Schüssel umfüllen. Das Ei mit einer Gabel verquirlen und nach und nach mit den Quirlen des Handrührgeräts auf niedrigster Stufe unter die noch warme Masse rühren, bis ein glatter, glänzender Teig entstanden ist. In den Spritzbeutel füllen.

3. Das Frittieröl in einem hohen Topf auf 180 °C erhitzen, die Temperatur mit einem Küchenthermometer kontrollieren.

4. Den Brandteig in langen Streifen in das heiße Öl spritzen, mit einer Schere Streifen in gewünschter Länge abschneiden. Die Churros 3–5 Minuten goldgelb frittieren. Mit einer Schaumkelle herausheben, abtropfen lassen und zum Entfetten auf Küchenpapier legen. Nach Belieben mit Zucker bestreuen.

FACT

In Spanien findet man die goldgelb frittierten Stangen aus Brandteig an jeder Ecke in den sogenannten »Churrerias«. Bevorzugt stürzen sich nachts Party-Heimkehrer heißhungrig darauf. Traditionell werden sie in dunkle, heiße Schokolade getaucht.

CREMA-CATALANA-TARTE

Schwierigkeitsgrad: einfach
Zubereitung: ca. 30 Min. + 30 Min. Ruhezeit + 4 Std. Kühlzeit
Backzeit: 15 Min.

1. Für die Tarte wie auf Seite 211 beschrieben einen Mürbeteig vorbereiten und in der Tarteform blindbacken.

2. Für die Füllung Sahne und Milch aufkochen und vom Herd nehmen. Orangen- und Zitronenabrieb, Zimt und Vanillemark zugeben und abgedeckt mindestens 30 Minuten ziehen lassen. Inzwischen die Eigelbe mit Zucker und Maisstärke in einer Schüssel glatt rühren. Die aromatisierte Milch passieren und nochmals aufkochen. Die kochende Milchmischung nach und nach unter Rühren zur Eigelbmischung gießen. Die Creme zurück in den Topf geben und den Pudding unter ständigem Rühren nochmals etwa 1 Minute köcheln und andicken lassen. Von der Herdplatte nehmen und noch etwas weiterrühren, damit das Eigelb im heißen Pudding nicht gerinnt. Die Crema Catalana etwas abkühlen lassen, auf den Tarteboden geben und mindestens 4 Stunden in den Kühlschrank stellen.

3. Kurz vor dem Servieren etwas braunen Zucker als dünne Schicht auf die Tarte streuen und mit einem Küchenbrenner goldbraun karamellisieren.

Für 1 Tarte

FÜR DEN MÜRBETEIG

150g Butter, weich
100g Puderzucker
1 Ei
Mark von ½ Vanilleschote (nach Belieben)
1 Prise Salz
250g Mehl, plus mehr zum Verarbeiten
30g blanchierte, gemahlene Mandeln

FÜR DIE FÜLLUNG

135g Schlagsahne
235g Milch
Abrieb von ½ Bio-Orange
Abrieb von ½ Bio-Zitrone
1 Zimtstange
Mark von ¼ Vanilleschote
90g Eigelb
40g Zucker
10g Maisstärke

AUSSERDEM

1 Tarteform (Ø 20cm)
Fett für die Form
getrocknete Hülsenfrüchte zum Blindbacken
brauner Zucker
Küchenbrenner

FACT

Die Crema Catalana ist eine Abwandlung der berühmten französischen Crème brulée. Wie diese wird sie eigentlich als Glasdessert serviert, aber ich habe sie für dieses Buch als cremig gefüllte Tarte interpretiert.

MANDELKUCHEN

Schwierigkeitsgrad: einfach
Zubereitung: ca. 30 Min. + Abkühlzeit
Backzeit: 50–55 Min.

Für 1 Kuchen

FÜR DEN TEIG

350 g Mehl (Type 550)
75 g Weizenstärke
15 g Backpulver
100 g gemahlene Mandeln
250 g Butter, zimmerwarm
Mark von 2 Vanilleschoten
50 g Glukosesirup
100 g Marzipan
150 g Milch
250 g Zucker
250 g Ei
100 g gehackte Mandeln

AUSSERDEM

1 Gugelhupf (Ø 28 cm)
Butter für die Form
Mandelblättchen
Puderzucker

1. Den Backofen auf 170 °C Umluft vorheizen. Die Gugelhupfform dick mit Butter einfetten und großzügig mit Mandelblättchen auskleiden.

2. Für den Teig das Mehl mit Weizenstärke, Backpulver und gemahlenen Mandeln in einer Schüssel mischen. Butter und Vanillemark in einem kleinen Topf erhitzen und den Glukosesirup darin auflösen. Das Marzipan mit der Milch glatt rühren. Zucker und Eier in einer Schüssel mit den Quirlen des Handrührgeräts schaumig aufschlagen. Die Marzipanmilch langsam unter Rühren zugeben. Die Vanillebutter in einem dünnen Strahl unter Rühren einlaufen lassen, bis eine glatte Masse entsteht. Zuerst die Mehlmischung und zum Schluss die gehackten Mandeln unterheben. Die Masse in die Form gießen und im vorgeheizten Ofen (Mitte) 50–55 Minuten backen. Aus dem Ofen nehmen und in der Form einige Minuten abkühlen und dann auf einem Kuchengitter vollständig auskühlen lassen. Mit Puderzucker bestreuen.

PASTEL DE NATA

Schwierigkeitsgrad: anspruchsvoll
Zubereitung: ca. 40 Min. + ca. 1 Std. Kühlzeit + Abkühlzeit
Backzeit: ca. 15 Min.

Für 25 Stück

FÜR DEN BLITZBLÄTTERTEIG

200 g Butter
250 g Mehl, plus mehr zum Verarbeiten
5 g Zucker
5 g Salz

FÜR DIE FÜLLUNG

500 g Milch
60 g Mehl
100 g Wasser
250 g Zucker
1 Zimtstange
Abrieb von 1 Bio-Zitrone
7 Eigelb

AUSSERDEM

Pastel-de-Nata-Backförmchen
Butter für die Förmchen

1. Für den Blitzblätterteig die Butter in Würfel schneiden und kalt stellen. Die restlichen Zutaten mit 150 g Wasser mit dem Knethaken in der Küchenmaschine glatt kneten. Die Butterwürfel zugeben und kurz unterkneten, sodass die Butterstücke noch zu sehen sind. Auf einer leicht bemehlten Arbeitsfläche den Teig mit den Händen etwas nachkneten. Den Teig in Folie schlagen und rechteckig flach drücken. Anschließend 30 Minuten kalt stellen. Den Blätterteig wie ab Seite 208 beschrieben dreimal einfach tourieren. Den Teig zu einem Rechteck (3 mm Dicke) ausrollen und von der Längsseite dicht zu 3 cm breiten Rollen aufrollen. Diese 30 Minuten kühl stellen.

2. Inzwischen den Backofen auf 240 °C Umluft vorheizen und die Förmchen mit Butter einfetten.

3. Für die Füllung 100 g Milch mit dem Mehl in einem Topf verrühren und unter ständigem Rühren aufkochen, bis eine cremige Konsistenz entsteht. Die restlichen Zutaten bis auf die Eigelbe in einem Topf aufkochen und erkalten lassen. Die Masse passieren und mit der Milchcreme verrühren. Zum Schluss die Eigelbe in die kalte Masse einrühren.

4. Die Blätterteigrollen in 3 cm lange Stücke schneiden. Den Teig mit der Schnittseite nach oben in die Förmchen geben und mit dem Daumen in die Förmchen drücken. Die Creme zu maximal ¾ Höhe einfüllen und die Törtchen im vorgeheizten Ofen (Mitte) etwa 15 Minuten backen, bis die Oberfläche leicht karamellisiert.

5. Aus dem Ofen nehmen und leicht abkühlen lassen. Im Anschluss aus den Förmchen stürzen.

TIPP

Nachdem der Teig in die Form gedrückt wurde, am besten über Nacht abgedeckt kalt stellen, damit sich der Blätterteig beim Backen nicht zusammenzieht.

BISCOITOS DE CANELA

Schwierigkeitsgrad: einfach
Zubereitung: ca. 20 Min. + ca. 10 Min. Kühlzeit + Abkühlzeit
Backzeit: ca. 15 Min.

Für 16 Stück

FÜR DEN TEIG

225 g Mehl
½ TL Backpulver
¼ TL Natron
1 Prise Salz
100 g Butter
150 g Zucker
1 Ei
Mark von ½ Vanilleschote

AUSSERDEM

gemahlener Zimt
(wenn möglich aus Vietnam)

1. Für den Teig Mehl, Backpulver, Natron und Salz in einer Schüssel mischen. Butter und Zucker mit den Quirlen des Handrührgeräts schaumig schlagen. Ei, Vanillemark und die Mehlmischung zugeben und zu einem glatten Teig verarbeiten. Den Teig im Anschluss abgedeckt 10 Minuten kalt stellen.

2. Den Backofen auf 180 °C Umluft vorheizen und ein Blech mit Backpapier belegen.

3. Den Teig zu Kugeln à 30 g formen, gleichmäßig im Zimt wälzen und mit etwas Abstand auf das vorbereitete Blech legen. Im vorgeheizten Ofen (Mitte) 15 Minuten backen. Aus dem Ofen nehmen und auf dem Blech auskühlen lassen.

FACT

Diese simplen portugiesischen Kekse werden vor dem Backen in Zimt gewälzt. In Portugal isst man sie das ganze Jahr über zum Galão, dank des Zimtaromas eignen sie sich wunderbar als Weihnachtsgebäck.

PANETTONE

Schwierigkeitsgrad: anspruchsvoll
Zubereitung: ca. 30 Min. + min. 12 Std. Ruhezeit + Abkühlzeit
Backzeit: ca. 50 Min.

Für 1 Kuchen

FÜR DIE EINLAGE

90 g Rosinen
60 g Orangeat
50 g Cranberrys
50 g Rum

FÜR DEN TEIG

165 g Milch
40 g Frischhefe
100 g Zucker
425 g Mehl
1 Prise Salz
4 Eigelb
130 g Butter
Mark von 1 Vanilleschote
Abrieb von 1 Bio-Orange

AUSSERDEM

Panettone-Form
aus Papier à 750 g
1 Butterwürfel à 10 g
2 Holzspieße

1. Am Vortag für die Einlage alle Zutaten mischen und abgedeckt über Nacht ziehen lassen.

2. Für den Teig die Milch in einem Topf leicht erwärmen. In einer Schüssel die Hefe mit 2 EL Zucker und 2 EL warmer Milch verrühren und kurz stehen lassen. Das Mehl mit dem restlichen Zucker und Salz in einer Rührschüssel vermischen. Die Hefe-Milch-Mischung und die restlichen Zutaten zugeben und mit dem Knethaken in der Küchenmaschine etwa 5 Minuten zu einem glatten Teig verarbeiten. Zum Schluss die Einlage zugeben und kurz unterkneten. Den Teig zu einer Kugel formen und in einer Schüssel abgedeckt etwa 45 Minuten gehen lassen, bis sich das Volumen des Teiges verdoppelt hat. Anschließend den Teig nochmals kurz von Hand durchkneten, zu einer Kugel formen und in die Panettone-Form legen. Den Teig abgedeckt nochmals so lange gehen lassen, bis er bis 2 cm unter den Rand aufgegangen ist.

3. Den Backofen auf 175 °C Umluft vorheizen. Mit einem scharfen Messer mittig ein Kreuz in den Teig schneiden und in die Mitte den Butterwürfel legen. Den Panettone im vorgeheizten Ofen (Mitte) etwa 50 Minuten backen. Falls er zu viel Farbe bekommt, ein weiteres Blech auf die oberste Schiene geben. Aus dem Ofen nehmen und am Boden auf jeder Seite einen Holzspieß einstecken. Kopfüber zwischen zwei gleich hohe Gefäße oder Bücherstapel hängen und komplett auskühlen lassen.

PASTE DI MANDORLA

Schwierigkeitsgrad: einfach
Zubereitung: ca. 20 Min. + Abkühlzeit
Backzeit: 9 Min.

Für ca. 40 Stück

500 g blanchierte ganze Mandeln
350 g Zucker
1 Ei
75 g Eiweiß

AUSSERDEM

200 g Puderzucker
Multizerkleinerer
40 ganze Mandeln mit Schale

1. Den Backofen auf 180 °C Umluft vorheizen. Ein Blech mit Backpapier belegen. Den Puderzucker in eine breite Schüssel sieben.

2. Für den Teig die Mandeln etwa 2 Minuten in kochendes Wasser geben. Die Mandeln durch ein Sieb abgießen und etwas abtropfen lassen. Den Zucker in einem Multizerkleinerer fein mixen. Im Anschluss die abgetropften Mandeln zügig fein mixen. Zucker und Mandeln mit dem Ei und dem Eiweiß zu einem weichen Teig verkneten. Den Teig zu Kugeln à etwa 10 g formen und im Puderzucker wälzen. Die Kugeln auf das vorbereitete Blech legen, jeweils mittig eine ganze Mandel leicht eindrücken und im vorgeheizten Ofen (Mitte) etwa 9 Minuten goldbraun backen. Aus dem Ofen nehmen und auskühlen lassen.

FACT

Außen knusprig, innen weich. Diese marzipanartigen Kekse sind ein italienischer Klassiker, von dem es in fast jedem Dorf ein eigenes Rezept gibt.

ITALIENISCHER HONIG

Schwierigkeitsgrad: anspruchsvoll
Zubereitung: ca. 1 Std. + Abkühlzeit + 12 Std. Kühlzeit

Für ca. 24 Stück

50 g Kakaobutter
300 g Honig
300 g Zucker
2 Blatt Gelatine
3 Eiweiß
70 g Pistazien
70 g ganze Haselnüsse, geröstet
50 g ganze Mandeln, geröstet
50 g Cranberrys
Mark von 1 Vanilleschote
Abrieb von 1 Bio-Orange
1 Prise Maldon Sea Salt

AUSSERDEM

4 Oblaten (12 × 20 cm)
Digitales Küchenthermometer

1. Die Oblaten zu je zwei 18 × 18 cm großen Quadraten zurechtschneiden. Zwei Oblaten auf ein mit Backpapier belegtes Blech legen. Die Kakaobutter in einem kleinen Topf leicht erwärmen, bis sie flüssig ist. Den Honig ebenfalls leicht in einem kleinen Topf erwärmen.

2. Den Zucker mit 200 g Wasser in einem Topf auf 140 °C kochen, dabei die Temperatur mit einem Küchenthermometer kontrollieren. Die Gelatine 5 Minuten in kaltem Wasser einweichen. Die Eiweiße mit dem Schneebesen in der Schüssel der Küchenmaschine anschlagen. Wenn die Temperatur des Zuckers erreicht ist, das angeschlagene Eiweiß auf ein warmes Wasserbad stellen und den heißen Zucker unter zügigem Schlagen langsam in einem dünnen Strahl einlaufen lassen. Den warmen Honig zugeben und die Masse etwa 20 Minuten über dem Wasserbad weiterschlagen. Die ausgedrückte Gelatine zugeben. Die Masse wird zäher und fester. Dann mit der flüssigen Kakaobutter in der Küchenmaschine weiterschlagen, bis sie kalt ist. Die restlichen Zutaten unterheben und zügig auf zwei der Oblaten streichen. Mit angefeuchteten Fingern die Oberfläche glätten und mit zwei weiteren Oblaten bedecken und diese gut andrücken. Mit einem weiteren Backpapier abdecken und bei Raumtemperatur vollständig auskühlen lassen. Anschließend über Nacht kühl stellen. Den Honig mit einem scharfen Messer in 2 × 5 cm große Würfel schneiden.

FACT

Meine Variante der ursprünglich arabischen Süßigkeit, die in Spanien »Turrón« heißt und in Bella Italia »Torrone« genannt wird. Es gibt sie in unzähligen Varianten, ich habe mich für eine Auswahl an Nüssen und Cranberrys mit einem Hauch Zitrusfrucht entschieden.

PASTIERA NAPOLETANA

Schwierigkeitsgrad: einfach
Zubereitung: ca. 40 Min. + min. 1 Std. Kühlzeit + Abkühlzeit
Backzeit: ca. 1 Std.

Für 1 Kuchen

FÜR DEN TEIG

500 g Mehl (Type 00)
150 g Schweineschmalz (oder Butter)
150 g Zucker
2 Eier
2 Eigelb

FÜR DIE FÜLLUNG

250 g gekochter Weizen (oder Grano Cotto)
175 ml Milch
15 g Schweineschmalz (oder Butter)
Abrieb von 1 Bio-Orange
Mark von 1 Vanilleschote
1 Prise Salz
1 Prise gemahlener Zimt
300 g frischer Ricotta, abgetropft
225 g Zucker
2 Eier, zimmerwarm
2 Eigelb
50 g Orangeat
3 EL Orangenblütenwasser

AUSSERDEM

1 Tarteform (Ø 28 cm)
Butter für die Form
Mehl zum Verarbeiten
Eigelb
Puderzucker (nach Belieben)

1. Für den Teig alle Zutaten mit dem Knethaken in der Küchenmaschine zu einem glatten Teig verarbeiten. Den Teig zu einer Kugel formen, flach drücken und in Frischhaltefolie gewickelt mindestens 1 Stunde kalt stellen.

2. Inzwischen für die Füllung den gekochten Weizen, Milch, Schmalz, Orangenabrieb, Vanillemark, Salz und Zimt in einem Topf aufkochen und 20–30 Minuten köcheln lassen, bis eine dickflüssige Creme entsteht. Dabei alle paar Minuten umrühren. Den Topf vom Herd nehmen und die Masse auskühlen lassen.

3. Den Ricotta mit Zucker und Eiern in einer Schüssel verrühren und zum Schluss Orangeat und Orangenblütenwasser unterheben. Die Ricottamischung unter die kalte Weizencreme rühren.

4. Inzwischen den Backofen auf 190 °C Umluft vorheizen und die Tarteform mit Butter einfetten.

5. Den Teig auf einer leicht bemehlten Arbeitsfläche ausrollen (4 mm Dicke) und die Tarteform damit auslegen. Teigreste zur Seite stellen. Die Ricotta-Weizen-Masse bis kurz unter den Rand einfüllen und den Rand anschließend mit etwas Eigelb bestreichen. Den restlichen Teig nochmals ausrollen, in 1 cm breite Streifen schneiden und diese rautenartig auf die Tarte legen; am Rand leicht andrücken. Die Tarte im vorgeheizten Ofen (unten) etwa 1 Stunde goldbraun backen. Aus dem Ofen nehmen und auskühlen lassen. Nach Belieben den Rand mit Puderzucker bestreuen.

BACI DI DAMA

Schwierigkeitsgrad: einfach
Zubereitung: ca. 20 Min. + ca. 12 Std. Kühlzeit + Abkühlzeit
Backzeit: ca. 8 Min.

1. Am Vortag für die Schokoladenganache beide Kuvertüren klein hacken und in eine Schüssel geben. Die Butter in Würfel schneiden. Die Sahne mit dem Glukosesirup in einem Topf aufkochen, über die Kuvertüre gießen und mit einem Stabmixer zu einer glänzenden Masse verarbeiten. Den Likör und die Butter unter die Schokoladenmasse arbeiten. Die Ganache mit Frischhaltefolie bedeckt mindestens 12 Stunden in den Kühlschrank stellen.

2. Für den Teig Butter und Zucker mit den Quirlen des Handrührgeräts kurz aufschlagen. Haselnüsse, Eiweiß und Salz zugeben und unterrühren. Das gesiebte Mehl zügig unterarbeiten. Den Teig zu einer Kugel formen, flach drücken und in Frischhaltefolie gewickelt mindestens 1 Stunde in den Kühlschrank stellen.

3. Den Backofen auf 190 °C Umluft vorheizen. Ein Blech mit Backpapier belegen.

4. Den Teig in Stücke à etwa 10 g portionieren und zu Kugeln formen. Die Kugeln auf dem Backpapier verteilen, dazwischen jeweils 1–2 cm Abstand lassen und die Kekse im vorgeheizten Ofen (Mitte) etwa 8 Minuten goldbraun backen. Aus dem Ofen nehmen und auf einem Kuchengitter auskühlen lassen.

5. Zum Füllen der Kekse die Schokoladenganache etwa 30 Minuten vor der Verwendung aus dem Kühlschrank nehmen und Zimmertemperatur annehmen lassen. Einen Spritzbeutel mit Lochtülle füllen. Jeweils etwas Ganache auf die Unterseite eines Kekses spritzen und einen weiteren Keks vorsichtig mit der Unterseite dagegendrücken. Ebenso verfahren, bis die Kekse aufgebraucht sind. Nach Belieben mit Puderzucker bestreuen.

Für 32 Stück

FÜR DIE GANACHE

100 g Vollmilchkuvertüre
75 g Zartbitterkuvertüre
30 g Butter
100 g Schlagsahne
30 g Glukosesirup
30 g Haselnusslikör

FÜR DEN TEIG

150 g Butter, zimmerwarm
150 g Zucker
150 g gemahlene Haselnüsse
25 g Eiweiß
1 Prise Salz
150 g Mehl, gesiebt

AUSSERDEM

Spritzbeutel mit Lochtülle (Ø 7 mm)
Puderzucker (nach Belieben)

FACT

»Damenküsse« – so lautet die deutsche Übersetzung des Namens dieser kleinen Kekse. Sie stammen aus dem Piemont und werden natürlich besonders edel, wenn sie mit den berühmten Haselnüssen aus eben jener Gegend gebacken werden.

CANNOLI MIT BERGAMOTTE

Schwierigkeitsgrad: anspruchsvoll
Zubereitung: ca. 50 Min. + ca. 12 Std. Kühlzeit + 30 Min. Ruhezeit + Abkühlzeit
Backzeit: 3–4 Min.

Für 20 Stück

FÜR DEN TEIG

200 g Mehl, plus mehr zum Verarbeiten
40 g Butter
25 g Zucker
1 Ei
50 g Martini Bianco
1 Prise Salz

FÜR DIE BERGAMOTTE-CHANTILLY

2 (oder 1) Blatt Gelatine
250 g weiße Kuvertüre
110 g Schlagsahne
140 g Bergamottepüree (Boiron über Bosfood)
50 g brauner Rohrzucker
Mark von 1 Vanilleschote
750 g Schlagsahne (oder Rama Cremefine zum Aufschlagen), kalt

AUSSERDEM

Nudelmaschine
Ring (Ø 11 cm)
Metallrohre (14 cm lang, Ø 2,5 cm)
Pflanzenöl zum Einfetten
2 l Pflanzenöl zum Frittieren
Digitales Küchenthermometer
Spritzbeutel mit Sterntülle
Puderzucker (nach Belieben)

1. Am Vortag für die Bergamotte-Chantilly die Gelatine (2 Blatt bei Verwendung von Sahne, 1 Blatt bei Verwendung von Rama Cremefine) 5 Minuten in kaltem Wasser einweichen. Die weiße Kuvertüre grob hacken und in eine Schüssel geben. Die Sahne mit Bergamottepüree, Rohrzucker und Vanillemark in einem Topf aufkochen, die ausgedrückte Gelatine darin auflösen und über die Kuvertüre gießen. Mit einem Stabmixer zu einer glatten Masse verarbeiten. Zum Schluss die kalte Sahne (oder Rama Cremefine) zugeben und verrühren, mit Frischhaltefolie abdecken und über Nacht kalt stellen.

2. Für den Teig alle Zutaten in einer Schüssel mit den Knethaken des Handrührgeräts zu einem glatten Teig verarbeiten. Den Teig zu einer Kugel formen, flach drücken und in Frischhaltefolie gewickelt 30 Minuten bei Raumtemperatur ruhen lassen.

3. Den Teig mithilfe einer Nudelmaschine ausrollen (1–2 mm Dicke) und leicht mit Mehl bestäuben. Den Teig mit dem Ring ausstechen. Die Metallrohre von außen mit etwas Pflanzenöl einfetten. Jeweils einen ausgestochenen Kreis um ein Metallrohr legen. Die Enden des Teiges mit Wasser bestreichen, überlappend einrollen und leicht andrücken.

4. Inzwischen das Pflanzenöl in einem hohen Topf auf 180 °C erhitzen, die Temperatur mit einem Küchenthermometer kontrollieren. Die Teigrollen portionsweise mit einer Schaumkelle ins Öl geben und 3–4 Minuten schwimmend darin ausbacken. Herausheben und auf Küchenpapier abtropfen lassen. Die Rohre in noch leicht warmem Zustand durch vorsichtiges Drehen herausziehen und die Teigrollen auskühlen lassen.

5. Die Bergamotte-Chantilly mit den Quirlen des Handrührgeräts aufschlagen, in einen Spritzbeutel geben und die ausgekühlten Cannoli damit füllen. Nach Belieben mit Puderzucker bestäuben.

R

RUSSLAND

Milchmädchentorte
▸ Seite 174

A

AUSTRALIEN

Pavlova mit Joghurt
und Passionsfrucht
▸ Seite 192

I

INDIEN

Indische Milchbällchen
▸ Seite 202

JAPAN

Soufflé-Käsekuchen
▸ Seite 182

ROUTE 5

Auf der letzten unserer Reisen schöpfen wir noch einmal aus dem Vollen und begeben uns fast einmal um den Erdball, denn auch in Ländern außerhalb Europas, deren Backtradition uns vielleicht nicht ganz so vertraut ist, gibt es einiges zu entdecken. Nach Russland, wo wir üppige Köstlichkeiten wie die Milchmädchentorte mit ihrer Füllung aus gebrannten Mandeln und Kondensmilch kosten können, wird es in Japan exotisch. Yuzu, Kalamansi, Matcha und schwarzer Sesam – hier dreht sich bei mir alles um den japanischen Grundsatz, Überflüssiges wegzulassen und nur das authentische Produkt sprechen zu lassen. Das kommt meiner Philosophie sehr entgegen. Auch Australien hat in Sachen Backkunst vieles zu bieten: Allen voran die Pavlova, ein auf Eischnee basierendes Dessert – innen weich und außen knusprig – die meistens mit Sahne und Früchten dekoriert wird. Australien und Neuseeland streiten um die Urheberschaft, fest steht jedoch: Das Gericht wurde nach der russischen Primaballerina Anna Pawlowa benannt. Zu guter Letzt stillen wir in Indien unseren Süßhunger zum Beispiel mit dem indischen Favourite, der an jeder Straßenecke zu finden ist: Gulab Jamun, frittierte Milchbällchen, die in aromatisiertem Zuckersirup baden dürfen. Ein würdiger Abschluss für unsere süße Entdeckungsreise.

MILCHMÄDCHEN-TORTE

Für 1 Tarte

FÜR DEN MÜRBETEIG

150 g Butter, weich
100 g Puderzucker
1 Ei
Mark von ½ Vanilleschote (nach Belieben)
1 Prise Salz
250 g Mehl, plus mehr zum Verarbeiten
30 g blanchierte, gemahlene Mandeln

FÜR DIE GEBRANNTE MANDELPASTE

100 g blanchierte ganze Mandeln
40 g Zucker

FÜR DIE GANACHE

180 g weiße Kuvertüre
25 g karamellisierte Kondensmilch (s. u.)
1 Prise Salz
100 g Mandelpaste (s. o.)
200 g Schlagsahne
15 g Glukosesirup

AUSSERDEM

1 Dose Milchmädchen (gezuckerte Kondensmilch)
1 Tarteform (Ø 20 cm)
Fett für die Form
getrocknete Hülsenfrüchte zum Blindbacken
weiße Kuvertüre
grobes Meersalz
Mandelblättchen, geröstet
Puderzucker

Schwierigkeitsgrad: anspruchsvoll
Zubereitung: ca. 40 Min. + ca. 12 Std. Kühlzeit + Abkühlzeit
Backzeit: 15–20 Min.

1. Die karamellisierte gezuckerte Kondensmilch wie auf Seite 132 beschrieben herstellen.

2. Für die Tarte wie auf Seite 211 beschrieben den Mürbeteig vorbereiten und die Tarte blindbacken.

3. Für die Mandelpaste die Mandeln und den Zucker mit 20 g Wasser in einer Pfanne aufkochen und unter ständigem Rühren bei mittlerer Hitze einkochen, bis der Zucker trocken wird. Weiterrühren, bis der Zucker wieder leicht zu schmelzen beginnt und die Mandeln glänzend überzieht. Die gebrannten Mandeln auf Backpapier geben und auskühlen lassen. Anschließend in einem Mixer zu einer Paste verarbeiten.

4. Für die Ganache die weiße Kuvertüre grob hacken und mit karamellisierter Kondensmilch, Salz und Mandelpaste in ein hohes Gefäß geben. Die Sahne mit dem Glukosesirup in einem Topf aufkochen und über die Kuvertüre gießen. Mit einem Stabmixer zu einer glänzenden Masse verarbeiten. Die Ganache mit Frischhaltefolie abdecken und etwas auskühlen lassen.

5. Die weiße Kuvertüre zum Auspinseln klein hacken und in einer Metallschüssel über einem warmen Wasserbad schmelzen. Damit der Boden nicht durchweicht, die Tarte von innen mit weißer Kuvertüre einpinseln und diese fest werden lassen. 40 g von der karamellisierten Milchmädchen-Kondensmilch daraufgeben, gleichmäßig verstreichen und eine Prise grobes Meersalz darauf verteilen. Mit lauwarmer Ganache füllen und über Nacht kühl stellen. Den Rand mit Mandelblättchen dekorieren und mit Puderzucker bestreuen.

RUSSISCHE HONIGTORTE

Schwierigkeitsgrad: anspruchsvoll
Zubereitung: ca. 2 Std. + 1 Std. Ruhezeit + 8–10 Std. Kühlzeit + Abkühlzeit
Backzeit: ca. 7 Min.

Für 1 Torte

FÜR DIE HONIGCREME

1 Blatt Gelatine
400 g Milch (1,5 % Fett)
100 g Zucker
100 g Butter
70 g Honig
Mark von 2 Vanilleschoten
1 Ei
30 g Maisstärke
200 g Rama Cremefine zum Aufschlagen

FÜR DEN TEIG

500 g Mehl, plus mehr zum Verarbeiten
5 g Natron
100 g Butter, zimmerwarm
2 EL Honig
220 g Zucker
2 Eier

1. Für die Honigcreme die Gelatine 5 Minuten in kaltem Wasser einweichen. Die Milch mit Zucker, Butter, Honig und Vanillemark in einem Topf zum Kochen bringen. Inzwischen das Ei mit der Maisstärke verrühren. Die kochende Milchmischung nach und nach unter Rühren zur Eimischung gießen. Die Masse zurück in den Topf geben, nochmals kurz unter Rühren aufkochen und andicken lassen. Den Pudding durch ein Sieb streichen. Die ausgedrückte Gelatine zugeben und auflösen. Mit Frischhaltefolie bedeckt abkühlen lassen und in den Kühlschrank stellen.

2. Für den Teig das Mehl mit Natron in einer Schüssel mischen. Butter, Honig, Zucker und Eier in einem Topf unter ständigem Rühren erwärmen, bis sich der Zucker aufgelöst hat. Die Butter-Honig-Mischung unter ständigem Rühren in die Mehlmischung einlaufen lassen und mit dem Knethaken in der Küchenmaschine zu einem Teig verarbeiten. Anschließend den Teig auf eine leicht bemehlte Arbeitsfläche geben und weiterkneten, bis ein glatter Teig entsteht. Den Teig in acht bis zehn Portionen teilen, zu Kugeln formen und abgedeckt 1 Stunde ruhen lassen.

3. Den Backofen auf 190 °C vorheizen. Ein Blech mit Backpapier belegen.

4. Die Teiglinge auf einer leicht bemehlten Arbeitsfläche ausrollen (1 mm Dicke), mit der Ausstechform ausstechen und im vorgeheizten Ofen (Mitte) etwa 7 Minuten knusprig goldbraun backen. Die Reste ebenfalls knusprig backen. Aus dem Ofen nehmen und auskühlen lassen.

5. Für die Honigcreme die Rama Cremefine mit den Quirlen des Handrührgeräts halbsteif schlagen und unter die kalte glatt gerührte Creme heben.

AUSSERDEM

Ausstechform (Ø 20 cm)
90 g Honig für die Böden

6. Auf dem ersten Boden den Honig spiralförmig verteilen und dünn mit etwas Honigcreme bestreichen, dann den nächsten Boden auflegen. So fortfahren, bis die Böden aufgebraucht sind, dabei 4–5 EL Creme übrig lassen.

7. Die Teigreste in einem Mixer oder mithilfe eines Gefrierbeutels und Nudelholz fein mahlen.

8. Die Torte von außen mit der restlichen Creme bestreichen und die Teigbrösel komplett auf der Torte und am Rand verteilen. Die Torte 8–10 Stunden kühl stellen.

RUSSISCHER GUGELHUPF

Schwierigkeitsgrad: einfach
Zubereitung: ca. 35 Min. + ca. 24 Std. Kühlzeit + 2 Std. Ruhezeit + Abkühlzeit
Backzeit: ca. 35 Min.

Für 1 Kuchen

FÜR DEN VORTEIG

8 g Frischhefe
125 g Milch, warm
175 g Mehl

FÜR DEN HEFETEIG

38 g Frischhefe
8 g Backmalz
125 g Milch, kalt
375 g Mehl
100 g Zucker
75 g Eigelb
8 g Salz
10 g Zitronensaft-konzentrat (Boiron über Bosfood)
20 g Orangensaft-konzentrat (Boiron über Bosfood)
125 g Butter, gewürfelt

FÜR DIE EINLAGE

140 g Rosinen
40 g getrocknete Heidelbeeren
40 g getrocknete Preiselbeeren
100 g Mandelstifte
125 g Rum

AUSSERDEM

1 Gugelhupfform (Ø 22 cm)
Butter für die Form
Mandelblättchen
Mehl zum Verarbeiten

1. Am Vortag für den Vorteig die Hefe in der warmen Milch auflösen und mit dem Mehl zu einem Teig verkneten. Mit Frischhaltefolie abgedeckt 24 Stunden kalt stellen. Für die Einlage alle Zutaten in einer Schüssel mischen und abgedeckt 24 Stunden bei Raumtemperatur ziehen lassen.

2. Am nächsten Tag die Gugelhupfform mit reichlich Butter einfetten und mit Mandelblättchen ausstreuen.

3. Für den Hefeteig die Hefe und das Backmalz in der Milch auflösen. Die Hefemilch mit Mehl, Zucker und Vorteig mit dem Knethaken in der Küchenmaschine auf niedrigster Stufe kneten. Die Eigelbe mit dem Salz in einer Schüssel verrühren und nach und nach unter Rühren zugeben. Zitronen- und Orangensaftkonzentrat zufügen und in den Teig einarbeiten. Nach und nach die Butter unter Rühren zugeben, bis sich die Zutaten glatt verbunden haben. Den Teig weiterkneten, bis ein glatter, geschmeidiger Teig entstanden ist. Zum Schluss die abgetropften Rumfrüchte für die Einlage zugeben und zügig unterarbeiten.

4. Den Teig auf einer leicht bemehlten Arbeitsfläche zu einer Kugel formen, mittig ein Loch hineindrücken und in die vorbereitete Form legen. Abgedeckt 30 Minuten kalt stellen. Anschließend den Teig bei Raumtemperatur 2 Stunden gehen lassen, bis der Teig bis etwa 2 cm unter den Rand aufgegangen ist.

5. Inzwischen den Backofen auf 165 °C Umluft vorheizen. Den Gugelhupf auf die mittlere Schiene stellen und ein Backblech mit etwas Wasser gefüllt auf die unterste Schiene schieben und etwa 35 Minuten goldbraun backen. Aus dem Ofen nehmen, in der Form etwas auskühlen lassen und dann stürzen.

HONIGBROT

Schwierigkeitsgrad: einfach
Zubereitung: ca. 30 Min.
Backzeit: 80–90 Min.

Für 1 Kuchen

FÜR DEN TEIG

250 g Honig
250 g Zucker
150 g Milch
50 g Butter, plus mehr für die Form
2 EL Zuckerrübensirup
300 g Mehl (Type 550), plus mehr für die Form
200 g Roggenvollkornmehl
6 g Natron
6 g Backpulver
8 g gemahlener Zimt
Abrieb von 1 Bio-Zitrone
75 g Orangeat
100 g Rosinen
100 g gehackte Mandeln

FÜR DEN SIRUP

60 g Zucker

AUSSERDEM

1 Kastenform (30 cm lang)
Butter, geschmolzen (nach Belieben)

1. Für den Teig Honig, Zucker, Milch, Butter und Zuckerrübensirup in einem kleinen Topf aufkochen, bis sich der Zucker aufgelöst hat. Den Topf vom Herd nehmen und den Inhalt lauwarm abkühlen lassen.

2. Den Backofen auf 160 °C Umluft vorheizen. Die Kastenform mit Butter einfetten und mit Mehl ausstäuben, überschüssiges Mehl wieder aus der Form herausklopfen.

3. Beide Mehlsorten mit Natron, Backpulver und Zimt sieben und mit dem Zitronenabrieb in die Küchenmaschine geben, auf niedrigster Stufe laufen lassen, die lauwarme Honigbutter zugeben. Danach Orangeat, Rosinen und Mandeln unterheben.

4. Den Teig in die Kastenform füllen und glatt streichen. Im vorgeheizten Ofen (Mitte) 1 Std. 20 Min. – 1 Std. 30 Min. backen.

5. Inzwischen für den Sirup Zucker und 20 g Wasser in einem kleinen Topf aufkochen, bis sich der Zucker aufgelöst hat.

6. 10 Minuten vor Ende der Backzeit den Kuchen mit dem heißen Sirup bestreichen und zu Ende backen. Aus dem Ofen nehmen und auf einem Gitter auskühlen lassen. Den Kuchen in Scheiben schneiden und nach Belieben mit Butter bestreichen.

FACT

Schon seit Hunderten von Jahren nennt man russisches Weihnachtsgebäck »Honigbrot«, weil es zu einem großen Teil aus Honig gemacht wurde. Dieses traditionelle Rezept, in der Kastenform gebacken, schmeckt besonders lecker zum Frühstück, mit Butter bestrichen.

SOUFFLÉ-KÄSEKUCHEN

Schwierigkeitsgrad: anspruchsvoll
Zubereitung: ca. 30 Min. + 95 Min. Ruhezeit + Abkühlzeit
Backzeit: ca. 90 Min.

Für 1 Kuchen

400 g Doppelrahmfrischkäse
200 g Schlagsahne
50 g Butter, zimmerwarm, plus mehr für die Form
8 Eier
150 g Zucker
25 g Yuzusaft (Boiron über Bosfood)
25 g Yuzumark (Boiron über Bosfood)
Mark von 1 Vanilleschote
80 g Mehl, gesiebt
1 Prise Salz

AUSSERDEM

1 Springform (Ø 18 cm)
Puderzucker (nach Belieben)

1. Den Backofen auf 135 °C Umluft vorheizen. Die Springform mit Butter einfetten und den Rand innen mit einem Backpapierstreifen (Höhe 16 cm) auslegen.

2. Frischkäse, Sahne und Butter 1 Stunde Raumtemperatur annehmen lassen. Die Eier trennen. Frischkäse und 50 g Zucker mit dem Schneebesen in der Küchenmaschine schaumig schlagen. Butter, Sahne, Eigelbe, Yuzusaft sowie -mark und das Vanillemark nach und nach zugeben. Das Mehl zufügen und zügig zu einer glatten Masse verrühren. Die Eiweiße mit dem restlichen Zucker (100 g) sowie dem Salz mit den Quirlen des Handrührgeräts halbsteif aufschlagen. Den Eischnee nach und nach unter die Frischkäsemasse heben.

3. Die Masse in die Form geben, auf ein Blech mit heißem Wasser setzen und im vorgeheizten Ofen (Mitte) etwa 55 Minuten backen. Die Temperatur um 10 °C reduzieren und weitere 35 Minuten goldgelb backen. Den Ofen ausschalten und den Kuchen bei geschlossener Türe 15 Minuten ruhen lassen. Dann die Ofentüre leicht öffnen und weitere 20 Minuten ruhen lassen. Aus dem Ofen nehmen und im Wasserbad auskühlen lassen. Nach Belieben mit Puderzucker bestäuben.

FACT

Die Yuzu, eine aus Japan stammende Zitrusfrucht, schenkt diesem Käsekuchen ihr ganz besonderes Aroma: eine leicht süßliche Säure mit dezenter Bitternote.

GRÜNTEE-KUCHEN

Schwierigkeitsgrad: einfach
Zubereitung: ca. 20 Min. + Abkühlzeit
Backzeit: 40–45 Min.

Für 1 Kuchen

4 Eier (Größe S)
12 g Matchateepulver
50 g Milch
175 g Mehl, plus mehr für die Form
1 TL Backpulver
100 g Zucker
150 g Butter, plus mehr für die Form
40 g Puderzucker
Mark von 1 Vanilleschote
Abrieb von ½ Bio-Zitrone

AUSSERDEM

1 Springform (Ø 28 cm)
Flüssigfondant
Matchateepulver

1. Den Backofen auf 170 °C vorheizen. Die Springform mit Butter einfetten und mit Mehl bestäuben, überschüssiges Mehl wieder aus der Form herausklopfen.

2. Die Eier trennen. Das Matchateepulver mit der Milch verrühren. Mehl und Backpulver in einer Schüssel mischen. Die Eiweiße mit dem Zucker in einer Schüssel steif schlagen. Die Butter mit Puderzucker, Vanillemark und Zitronenabrieb in einer Schüssel mit den Quirlen des Handrührgeräts auf mittlerer Stufe etwa 5 Minuten schaumig schlagen. Die Eigelbe nacheinander jeweils solange unterrühren, bis sich die Zutaten glatt verbunden haben. Die Matchamilch unter Rühren zugeben. Abwechselnd das steif geschlagene Eiweiß und die Mehlmischung unter die Eigelb-Butter-Masse rühren.

3. Den Teig in die Springform füllen und glatt streichen. Den Kuchen im vorgeheizten Ofen (Mitte) 40–45 Minuten backen. Aus dem Ofen nehmen und in der Form auskühlen lassen.

4. Den Kuchen mit Fondant glasieren und mit Matcha bestäuben.

FACT

Das ist meine Variante des japanisches Klassikers »Matcha-Sponge-Cake«. Die gemahlenen Teeblätter verleihen dem Kuchen eine feinherbe Note, sodass der Kuchen nicht ganz so süß schmeckt.

KALAMANSI-TARTE

Schwierigkeitsgrad: einfach
Zubereitung: ca. 40 Min. + ca. 12 Std. Kühlzeit + Abkühlzeit
Backzeit: 15–20 Min.

1. Für die Tarte wie auf Seite 211 beschrieben den Mürbeteig vorbereiten und die Tarte blindbacken.

2. Für die Füllung das Kalamansipüree mit Zucker, Glukosesirup, Ascorbinsäure und Vanillemark in einem Topf erhitzen. Inzwischen die Kuvertüre hacken und mit der Butter in ein hohes Gefäß geben. Die heiße Flüssigkeit zugeben und mit dem Stabmixer zu einer glatten, glänzenden Masse verarbeiten. Zum Schluss den Limettenabrieb unterrühren. Die Füllung abgedeckt etwas abkühlen lassen und bis knapp unter den Rand in den Tarteboden geben. Über Nacht kalt stellen.

3. Vor dem Servieren mit Limettenzesten garnieren.

FACT

Die Kalamansi ist eine Kreuzung aus einer Mandarinenart und der Kumquat. Die Zitrusfrucht ist besonders interessant, denn je nach Reifegrad weist sie einen unterschiedlichen Geschmack auf. Die Range reicht von säuerlich-bitter bis hin zu frisch. In dieser Tarte bekommt sie den Platz, den sie verdient: die Hauptrolle.

Für 1 Tarte

FÜR DEN MÜRBETEIG

150 g Butter, weich
100 g Puderzucker
1 Ei
Mark von ½ Vanilleschote (nach Belieben)
1 Prise Salz
250 g Mehl, plus mehr zum Verarbeiten
30 g blanchierte, gemahlene Mandeln

FÜR DIE FÜLLUNG

150 g Kalamansipüree (Boiron über Bosfood))
50 g Zucker
15 g Glukosesirup
5 g Ascorbinsäure
Mark von 1 Vanilleschote
300 g weiße Kuvertüre
60 g Butter
Abrieb von 1 Bio-Limette

AUSSERDEM

1 Backring (Ø 20 cm)
Fett für die Form
getrocknete Hülsenfrüchte zum Blindbacken
Zesten von 1 Bio-Limette

MOCHI MIT YUZU UND SCHWARZEM SESAM

Schwierigkeitsgrad: anspruchsvoll
Zubereitung: ca. 30 Min. + ca. 12 Std. Kühlzeit

Für 25–30 Stück

FÜR DEN TEIG

80 g Tapiokamehl
60 g Zucker
300 g Kokosmilch
80 g Kokosraspel

FÜR DIE YUZU-GANACHE

180 g weiße Kuvertüre
60 g Butter
75 g Yuzupüree
(Boiron über Bosfood)
30 g Zucker
3 g Ascorbinsäure
9 g Glukosesirup
Mark von ¼ Vanilleschote
Abrieb von 1 Bio-Limette

FÜR DIE SESAM-MISCHUNG

80 g schwarzer Sesam
40 g Zucker

AUSSERDEM

2 Silikonmatten
Nudelholz
Spritzbeutel
Ausstecher

1. Am Vortag für die Yuzu-Ganache die Kuvertüre grob hacken. Die Butter in Würfel schneiden und mit der Kuvertüre in ein hohes schmales Gefäß geben. Das Yuzupüree mit Zucker, Ascorbinsäure, Glukosesirup und Vanillemark in einem Topf aufkochen. Die heiße Flüssigkeit über Kuvertüre und Butter gießen und 1–2 Minuten stehen lassen. Mit einem Stabmixer zu einer glatten, glänzenden Masse verarbeiten. Den Limettenabrieb unterrühren, abgedeckt über Nacht kalt stellen.

2. Für den Teig das Tapiokamehl mit dem Zucker in einem Topf vermischen. Die Kokosmilch zugeben und mit einem Schneebesen glatt rühren. Die Masse bei mittlerer Hitze unter ständigem Rühren aufkochen. Sobald die Masse andickt, den Schneebesen durch einen Holzlöffel oder Teigschaber austauschen. Die Masse noch weitere 1–2 Minuten erhitzen und vom Herd nehmen. Dann die Kokosraspel einarbeiten und nochmals 1–2 Minuten erhitzen. Die Masse auf eine Silikonmatte geben und die zweite Matte darauflegen. Mit einem Nudelholz den Teig 5 mm dick ausrollen und auskühlen lassen.

3. In der Zwischenzeit die Ganache in einen Spritzbeutel füllen und Raumtemperatur annehmen lassen. Für die Mischung den Sesam in einem Multizerkleinerer fein mixen. Dabei darauf achten, den Sesam in kurzen Intervallen zu mixen, damit das Fett nicht austritt. Nun den feinen Sesam mit dem Zucker in einer Schüssel mischen.

4. Den Teig mit einer Teigkarte zu Quadraten von 5 × 5 cm schneiden. Auf die Hälfte der Quadrate etwa 10 g Ganache spritzen. Die restlichen Quadrate auf die Ganache legen, sodass keine Luft eingeschlossen wird. Mit einem Ausstecher mittig den Teig ausstechen. Die ausgestochenen Mochis in der Sesam-Mischung wälzen. Am besten frisch genießen.

TIPP

Für eine schönere Form kann man die Ganache im zähflüssigen Zustand in eine Silikonmatte (Halbkugel oder Kugel) füllen und einfrieren. Die gefrorenen Kugeln dann auf den Teig setzen. Alternativ: Statt die Ganache auf den Teig zu spritzen, diese zuerst auf Backpapier spritzen und kalt stellen, bis sie sich mit den Händen zu Kugel formen lässt.

ANZAC BISCUITS

Schwierigkeitsgrad: leicht
Zubereitung: ca. 15 Min. + Abkühlzeit
Backzeit: ca. 10 Min.

Für 32 Stück

FÜR DEN TEIG

120 g Mehl
150 g Zucker
100 g feine Haferflocken
75 g Kokosraspel
1 TL Backpulver (3 g)
1 Prise Salz
125 g Butter
3 EL Ahornsirup (45 g)
Mark von 2 Vanilleschoten

1. Den Backofen auf 160 °C Umluft vorheizen. Ein Blech mit Backpapier belegen.

2. Für den Teig das Mehl mit Zucker, Haferflocken, Kokosraspel, Backpulver und Salz in einer Schüssel vermischen. Die Butter in einem Topf schmelzen. Ahornsirup, 2 EL (10 g) Wasser sowie Vanillemark zugeben und verrühren. Die Sirupbutter zur Mehlmischung geben und alles miteinander verrühren. Den Teig in walnussgroße Stücke teilen und zu Kugeln formen. Die Kugeln auf dem Backblech verteilen und leicht andrücken.

3. Die Kekse im vorgeheizten Ofen (Mitte) 10 Minuten backen. Herausnehmen und auf einem Gitter abkühlen lassen.

FACT

Den etwas seltsamen Namen dieser Cookies, die ich zum ersten Mal im Urlaub gegessen habe, musste ich erst mal nachschlagen. »ANZAC« steht für »Australian and New Zealand Army Corps«, ein Armeekorps aus dem Ersten Weltkrieg. Die Kekse wurden von den Frauen zur Unterstützung »ihrer« Soldaten gebacken.

PAVLOVA MIT JOGHURT UND PASSIONSFRUCHT

Schwierigkeitsgrad: leicht
Zubereitung: ca. 30 Min.
Backzeit: ca. 2 ½ Std.

Für 1 Torte

FÜR DIE PAVLOVA

4 Eiweiß
1 Prise Salz
225 g Zucker
2,5 TL Maisstärke
1 TL Weißweinessig

FÜR DEN PASSIONSFRUCHT-CURD

30 ml Passionsfruchtsaft (von ca. 2 Stück)
30 g Zucker
1 Ei
40 g kalte Butter, gewürfelt

FÜR DEN PASSIONSFRUCHT-HONIG

125 g Passionsfruchtpüree (Boiron über Bosfood)
25 g Glukosesirup
25 g Zucker
Mark von ¼ Vanilleschote

FÜR DEN JOGHURT

Mark von 1 Vanilleschote
200 g griechischer Joghurt

AUSSERDEM

Digitales Küchenthermometer
1 Passionsfrucht
essbare Blüten und Früchte

1. Den Backofen auf 80 °C Umluft vorheizen. Auf Backpapier einen Kreis (Ø 26 cm) zeichnen.

2. Für die Pavlova Eiweiße und Salz mit den Quirlen des Handrührgeräts steif schlagen. Den Zucker nach und nach zugeben und einige Minuten weiterschlagen. Stärke und Essig zugeben und weiterschlagen, bis der Eischnee feinporig und glänzend ist. Auf die Rückseite des Backpapier-Kreises geben und mithilfe einer Palette zu einer Kuppel formen. In der Mitte der Kuppel mithilfe eines Löffels eine Vertiefung formen und im vorgeheizten Ofen (Mitte) 2 Stunden 30 Minuten trocknen.

3. Für den Passionsfrucht-Curd Passionsfruchtsaft und Zucker in einem Topf zum Kochen bringen. Das Ei in einer Schüssel gut verquirlen und die kochende Passionsfruchtmischung unter ständigem Rühren langsam zugeben. Die Passionsfrucht-Ei-Mischung zurück in den Topf gießen und unter ständigem Rühren auf 84 °C erhitzen, bis sie andickt (zur Rose abziehen). Dabei die Temperatur mit einem Küchenthermometer kontrollieren. Die Schüssel vom Wasserbad nehmen und mithilfe des Stabmixers die kalte Butter in die Creme einarbeiten. Den Passionsfrucht-Curd abgedeckt auskühlen lassen und kalt stellen.

4. Für den Passionsfrucht-Honig das Passionsfruchtpüree in einem Topf aufkochen und auf 75 g reduzieren. Glukosesirup, Zucker und Vanillemark zugeben und verrühren. Abgedeckt abkühlen lassen und dann kalt stellen.

5. Für den Joghurt Vanillemark und Joghurt verrühren.

6. Joghurt, Passionsfrucht-Curd und Passionsfrucht-Honig auf dem Baiser verteilen. Zum Schluss mit Passionsfruchtvierteln, Blüten und kleinen Beeren dekorieren. Am besten sofort genießen.

CHOCOLATE MUD CAKE

Schwierigkeitsgrad: leicht
Zubereitung: ca. 40 Min. + ca. 1 Std. Kühlzeit + Abkühlzeit
Backzeit: ca. 75 Min.

Für 1 Kuchen

FÜR DEN TEIG

165 g Mehl
15 g Kakaopulver
¼ TL Backpulver (1,5 g)
63 g Vollmilchkuvertüre
75 g Zartbitterkuvertüre
½ TL Kaffeepulver
125 g Butter
1 EL Sonnenblumenöl (5 g)
3 Eier
275 g Zucker
Mark von 1,5 Vanilleschoten
63 g Buttermilch

FÜR DIE NOUGATGLASUR

65 g Milchkuvertüre
65 g Zartbitterkuvertüre
65 g dunkles Nougat
40 g Milch
65 g Schlagsahne

AUSSERDEM

1 Tortenring (Ø 21 cm)
Butter für den Ring
Crue de Cacao (geröstete, zerstoßene Kakaobohnen)

1. Den Backofen auf 160 °C Umluft vorheizen. Ein Backblech mit Backpapier belegen. Den Tortenring einfetten und auf das Blech stellen.

2. Für den Teig das Mehl mit Kakaopulver und Backpulver in einer Schüssel vermischen. Die Kuvertüren grob hacken und in ein hohes Gefäß geben.

3. 90 g Wasser in einem Topf aufkochen und das Kaffeepulver darin auflösen. Butter und Öl zufügen und weiterrühren, bis die Butter sich aufgelöst hat. Die Kaffee-Butter-Mischung über die Kuvertüren gießen und alles mit einem Stabmixer zu einer glänzenden Masse verarbeiten. Die Eier mit Zucker und Vanillemark mit dem Schneebesen in der Küchenmaschine mindestens 3 Minuten schaumig schlagen. Die Buttermilch nach und nach unterrühren und 3 Minuten weiterschlagen. Nun ⅓ der Schokoladenmasse unter die Eimischung rühren und im Anschluss ⅓ der Mehlmischung unterziehen. Beides im Wechsel weiter unterheben, bis es aufgebraucht ist.

4. Die Masse in den vorbereiteten Ring füllen und im vorgeheizten Ofen (Mitte) etwa 1 Stunde 15 Minuten backen. Aus dem Ofen nehmen und in der Form auskühlen lassen.

5. Inzwischen für die Nougatglasur die Kuvertüren hacken, den Nougat in kleine Stücke schneiden und alles in eine Schüssel geben. Milch und Sahne in einem Topf aufkochen und über die Kuvertüren gießen. Mit einem Stabmixer zu einer glänzenden Masse verarbeiten. Den entstandenen kuppelartigen »Deckel« vorsichtig abnehmen und für die Deko zur Seite stellen. Den ausgekühlten Kuchen auf ein Kuchengitter stellen und komplett mit der Glasur überziehen. Die Glasur 1 Minute anziehen lassen und mit einer langen Palette vorsichtig umsetzen. Die Oberfläche mit Crue de Cacao bestreuen, den Kuchendeckel in kleine Stücke brechen und den Rand sowie die Außenseite des Kuchens damit garnieren. Vor dem Servieren etwa 1 Stunde trocknen lassen.

BANANA BREAD

Schwierigkeitsgrad: leicht
Zubereitung: ca. 25 Min. + Abkühlzeit
Backzeit: ca. 50 Min.

Für 1 Kuchen

FÜR DEN TEIG

135 g Zucker
70 g Ei
Mark von 1 Vanilleschote
40 g Pflanzenöl
40 g Milch
165 g Bananenpüree
135 g Mehl
30 g Roggenmehl
4,5 g Backpulver
1 Prise Salz
90 g Pekannüsse
70 g Zartbitterkuvertüre
2 Bananen

AUSSERDEM

1 Kastenform (26 cm lang)
Butter für die Form
Mehl für die Form

1. Den Backofen auf 170 °C Umluft vorheizen. Die Kastenform mit Butter einfetten und mit Mehl bestäuben, überschüssiges Mehl wieder aus der Form herausklopfen.

2. Für den Teig Zucker, Ei und Vanillemark mit dem Schneebesen in der Küchenmaschine aufschlagen, bis die Masse weiß ist. Weiterschlagen und das Öl in einem dünnen Strahl in die Zucker-Ei-Mischung laufen lassen. Milch und Bananenpüree nacheinander ebenso einarbeiten.

3. Beide Mehlsorten, Backpulver und Salz verrühren und zügig unter die erste Mischung heben.

4. Pekannüsse und Kuvertüre grob hacken. Eine Banane in kleine Würfel schneiden und mit Nüssen und Kuvertüre unter die Masse heben. Die Masse in die vorbereitete Kastenform geben. Eine Banane schälen, der Länge nach halbieren und auf den Teig legen. Im vorgeheizten Ofen (Mitte) etwa 50 Minuten goldbraun backen. Das Brot aus dem Ofen nehmen und in der Form auskühlen lassen.

TIPP

Die Bananen für das Püree am besten 1–2 Wochen reifen lassen, so entfaltet sich ihr Geschmack und das Brot wird aromatischer.

LAMINGTON

Schwierigkeitsgrad: einfach
Zubereitung: ca. 30 Min. + ca. 1 Std. Ruhezeit + Abkühlzeit
Backzeit: ca. 25 Min.

Für ca. 24 Stück

FÜR DEN TEIG

130 g Mehl
5 g Maisstärke
10 g Butter
3 Eier
110 g Zucker

FÜR DIE GLASUR

250 g Puderzucker
4 TL Kakaopulver
150 g Zartbitterkuvertüre
2 TL Butter

AUSSERDEM

1 Backform (24 × 24 cm)
200 g Kokosraspel

1. Den Backofen auf 180 °C Umluft vorheizen und die Form mit Backpapier auslegen.

2. Für den Teig Mehl und Stärke in einer Schüssel mischen. 10 g heißes Wasser mit der Butter verrühren, bis die Butter flüssig ist. Die Eier trennen. Die Eiweiße mit den Quirlen des Handrührgeräts steif schlagen und nach und nach den Zucker einrieseln lassen. Die Eigelbe nach und nach unter Rühren zugeben. Die Mehlmischung unterheben und zum Schluss das Butterwasser. Die Masse in die vorbereitete Form geben und im vorgeheizten Ofen (Mitte) etwa 25 Minuten backen. Aus dem Backofen nehmen und auskühlen lassen.

3. Für die Glasur Puderzucker und Kakaopulver in einer Schüssel vermischen. Die Kuvertüre klein hacken und mit der Butter in einer Schüssel über einem warmen Wasserbad schmelzen. 240 g Wasser mit der Puderzucker-Mischung verrühren und zum Schluss die Schokoladenmischung unterrühren.

4. Den Kuchen in gleich große Würfel schneiden, in die Glasur tauchen und anschließend in den Kokosraspeln wälzen. Die Würfel auf ein Gitter legen und etwa 1 Stunde trocknen lassen.

PASSIONFRUIT SLICE

Schwierigkeitsgrad: leicht
Zubereitung: ca. 30 Min. + ca. 2 Std. Kühlzeit + Abkühlzeit
Backzeit: ca. 12 Min. + 15 Min.

Für 8–12 Stücke

FÜR DEN BODEN

65 g Mehl
50 g Kokosraspel
50 g Zucker
½ TL Backpulver
1 Prise Salz
50 g Butter, geschmolzen
1 Eiweiß

FÜR DAS TOPPING

395 g Kondensmilch
125 g Passionsfruchtpüree (Boiron über Bosfood)
8 EL Passionsfruchtpulpe (von ca. 4 Passionsfrüchten)

FÜR DEN PASSIONSFRUCHT-HONIG

3 Blatt Gelatine
250 g Passionsfruchtpüree (Boiron über Bosfood)
50 g Glukosesirup
50 g Zucker
Mark von ½ Vanilleschote

AUSSERDEM

1 Springform (Ø 20 cm)

1. Den Backofen auf 180 °C Umluft vorheizen.

2. Für den Boden die trockenen Zutaten in einer Schüssel vermischen. Butter und Eiweiß zur Mehlmischung geben und verkneten. Den Teig gleichmäßig auf dem Boden der Springform verteilen und andrücken. Im vorgeheizten Ofen (Mitte) 12 Minuten backen. Den Boden aus dem Ofen nehmen und etwas abkühlen lassen. Den Temperatur auf 150 °C reduzieren.

3. Für das Topping alle Zutaten in einer Schüssel verrühren, auf den Boden gießen und etwa 15 Minuten im Ofen weiterbacken. Danach den Kuchen herausnehmen und auskühlen lassen.

4. In der Zwischenzeit für den Passionsfrucht-Honig die Gelatine 5 Minuten in kaltem Wasser einweichen. Das Passionsfruchtpüree in einem Topf aufkochen und auf 150 ml reduzieren. Glukosesirup, Zucker und Vanillemark zugeben und verrühren. Die ausgedrückte Gelatine in der heißen Flüssigkeit auflösen, vorsichtig auf den ausgekühlten Kuchen gießen und etwa 2 Stunden in den Kühlschrank stellen. Vor dem Servieren in Stücke schneiden.

FACT

Meine Interpretation eines traditionellen Kuchens, der mit den in Australien massenweise wachsenden Passionsfrüchten super erfrischend schmeckt. Die Kondensmilch in der Füllung ist obligatorisch. In Australien und Neuseeland wird er meistens als rechteckiges Stück (»slice«) serviert.

INDISCHE MILCHBÄLLCHEN

Schwierigkeitsgrad: einfach
Zubereitung: ca. 15 Min. + ca. 24 Std. Ruhezeit + Abkühlzeit
Backzeit: ca. 2 Min.

Für ca. 20 Stück

FÜR DEN SIRUP

300 g Zucker
4 Kardamomkapseln
1 g Safranfäden
1 EL Rosenwasser

FÜR DEN TEIG

70 g Mehl
180 g Milchpulver
1 TL Backpulver
1 TL gemahlener Kardamom
180 ml Milch
20 g Ghee
(oder Butter)

AUSSERDEM

2 l Pflanzenöl zum Frittieren
Digitales Küchenthermometer
2 EL Kokosraspel
(nach Belieben)

1. Für den Sirup alle Zutaten bis auf das Rosenwasser mit 500 g Wasser in einem Topf aufkochen und 5–6 Minuten köcheln lassen. Den Topf vom Herd nehmen und leicht abkühlen lassen, dann das Rosenwasser unterrühren.

2. Für den Teig die trockenen Zutaten in einer Schüssel verrühren. Die Milch mit dem Ghee in einem Topf leicht erwärmen, bis sich das Ghee aufgelöst hat. Die Milchmischung zur Mehlmischung geben und zu einem glatten Teig kneten. Anschließend mit Frischhaltefolie abdecken und 15 Minuten ruhen lassen.

3. Inzwischen das Pflanzenöl in einem hohen Topf auf 165 °C vorheizen, die Temperatur mit einem Küchenthermometer kontrollieren. Den Teig in Stücke à etwa 20 g portionieren und zu kleinen Bällchen formen. Darauf achten, dass der Teig keine Risse bekommt.

4. Die Bällchen in kleinen Mengen ins heiße Öl geben und goldbraun frittieren. Mit einer Schaumkelle herausheben, abtropfen lassen und in den noch warmen Sirup legen. Die Milchbällchen mindestens 24 Stunden abgedeckt ruhen lassen und zwischendurch einmal wenden. Nach Belieben mit Kokosraspeln verzieren.

INFO

Ghee ist nichts anderes als geklärte Butter, die man hauptsächlich aus der indischen und ayurvedischen Küche kennt. In diesem Rezept steuert es seinen frischen, buttrigen Geschmack bei. Erhältlich ist es in Bio- oder Naturkostläden.

REISKUCHEN

Schwierigkeitsgrad: einfach
Zubereitung: ca. 45 Min. + ca. 3 Std. Kühlzeit + Abkühlzeit
Backzeit: ca. 15 Min.

Für 1 Kuchen

FÜR DEN STREUSELTEIG

160 g Mehl
80 g Zucker
112 g Butter,
plus mehr für die Form
1 g Salz
1 g gemahlener Zimt
Abrieb von 1 Bio-Limette

FÜR DEN MILCHREIS

500 g Milch
60 g Risottoreis (Carnaroli)
Mark von 1 Vanilleschote
30 g Honig

FÜR DIE SAHNE

2 Blatt Gelatine
50 g Milch
200 g Schlagsahne
(oder Rama Cremefine
zum Aufschlagen)

AUSSERDEM

1 Springform (Ø 20 cm)
Puderzucker

1. Den Backofen auf 190 °C Umluft vorheizen. Den Boden der Springform mit Butter einfetten.

2. Für den Streuselteig alle Zutaten in einer Schüssel mischen und mit den Händen zu groben Streuseln verarbeiten. Die Streusel in der Springform verteilen und gut andrücken, dabei darauf achten, dass alle Stellen bedeckt sind.

3. Den Teig im vorgeheizten Ofen (Mitte) 15 Minuten goldbraun backen. Aus dem Ofen nehmen und in der Form abkühlen lassen.

4. Für den Milchreis die Milch in einem Topf aufkochen. Risottoreis, Vanillemark sowie Honig zugeben und verrühren. Die Temperatur auf mittlere Hitze reduzieren. Den Reis 25–35 Minuten unter ständigem Rühren köcheln lassen, bis er weich ist und eine sämige Konsistenz hat. Von der Herdplatte ziehen, abgedeckt auskühlen lassen und 1 Stunde kalt stellen.

5. Für die Sahne die Gelatine 5 Minuten in kaltem Wasser einweichen. Die Milch in einem kleinen Topf erhitzen und die ausgedrückte Gelatine darin auflösen. In eine Schüssel geben und unter Rühren langsam die Sahne (oder Rama Cremefine) zugeben. Die Mischung mit den Quirlen des Handrührgeräts aufschlagen und unter den kalten Milchreis heben.

6. Den Milchreis auf den Streuselteigboden geben und unregelmäßig mit einer Palette verteilen. Den Kuchen nochmals 2 Stunden kalt stellen. Vor dem Servieren mit einer dicken Schicht Puderzucker bestäuben.

FACT

Wie in vielen asiatischen Ländern wird auch in Indien Reiskuchen serviert – meist herzhaft, aber in einigen Fällen auch süß. Mal zu ganz besonderen Anlässen, mal täglich zum Frühstück. Dieses Rezept ist meine ganz persönliche Hommage an dieses Gericht.

ANANAS-CURRY-KUCHEN

Schwierigkeitsgrad: einfach
Zubereitung: ca. 25 Min. + Abkühlzeit
Backzeit: ca. 50 Min.

1. Den Backofen auf 165 °C Umluft vorheizen. Die Gugelhupfform mit Margarine einfetten und mit Mehl bestäuben, überschüssiges Mehl wieder aus der Form herausklopfen.

2. Das Mehl mit Back- und Currypulver mischen. Die Ananas in kleine Würfel schneiden.

3. Die Margarine mit Zucker und Vanillemark in einer Schüssel mit den Quirlen des Handrührgeräts auf mittlerer Stufe etwa 5 Minuten schaumig schlagen. Die Eier nacheinander jeweils so lange unterrühren, bis sich die Zutaten glatt verbunden haben. Dann die Milch unterrühren und danach die Mehlmischung auf niedriger Stufe nur kurz einarbeiten. Zum Schluss die Ananaswürfel unterheben.

4. Den Teig in die Gugelhupfform füllen und glatt streichen. Den Kuchen im vorgeheizten Ofen (Mitte) etwa 50 Minuten goldbraun backen. Aus dem Ofen nehmen und in der Form abkühlen lassen. Nach Belieben mit Puderzucker bestreuen.

Für 1 Kuchen

190 g Mehl, plus mehr für die Form
14 g Backpulver
5 g Currypulver
80 g Ananas
150 g Margarine, plus mehr für die Form
150 g Zucker
Mark von 1 Vanilleschote
3 Eier
20 g Milch

AUSSERDEM

1 Gugelhupfform
Puderzucker (nach Belieben)

FACT

Ein easy gerührter Kuchen, der es in sich hat: Die in den tropischen Gefilden wachsende Ananas macht den Kuchen super saftig und das Currypulver schenkt ihm nicht nur seine gelbe Farbe, sondern bringt schlicht und einfach »Indien« auf die Zunge.

GRUNDREZEPTE

BLÄTTERTEIG

FÜR DEN GRUNDTEIG

40 g Butter
1 TL Salz
250 g Mehl

FÜR DIE ZIEHBUTTER

160 g Butter
50 g Mehl

AUSSERDEM

Mehl zum Verarbeiten

1. Am Vortag für den Grundteig die Butter in einem Topf bei schwacher Hitze zerlassen. Das Salz mit 125 g Wasser in einer Schüssel verrühren. Das Mehl und die zerlassene Butter zugeben und alles zu einem glatten Teig verkneten. Den Teig in Frischhaltefolie gewickelt 24 Stunden im Kühlschrank ruhen lassen.

2. Am nächsten Tag für die Ziehbutter die Butter in Stücke schneiden, mit dem Mehl in eine Schüssel geben und mit den Knethaken des Handrührgeräts glatt verkneten. Zu einer rechteckigen Platte formen und in Frischhaltefolie gewickelt etwa 30 Minuten in den Kühlschrank stellen.

3. Für die Fertigstellung des Blätterteigs die Ziehbutter zu einem etwa 20 × 20 cm großen Quadrat ausrollen. Den Grundteig auf einer leicht bemehlten Arbeitsfläche zu einer etwa 22 × 40 cm großen rechteckigen Platte ausrollen. Die Ziehbutter mittig auf die Teigplatte legen und die Teigränder darüberschlagen, sodass die Ziehbutter-Platte komplett von Teig umhüllt ist. In Frischhaltefolie gewickelt 30 Minuten in den Kühlschrank stellen.

4. Den Blätterteig ausrollen. Dazu erfolgt zunächst eine einfache Tour: Das Butter-Teig-Päckchen erneut zu einer etwa 20 × 40 cm großen rechteckigen Platte ausrollen und überschüssiges Mehl entfernen. Ein Drittel des Teiges über das mittlere Teigdrittel klappen und das letzte Drittel darüberschlagen, sodass drei übereinanderliegende Teigschichten entstehen.

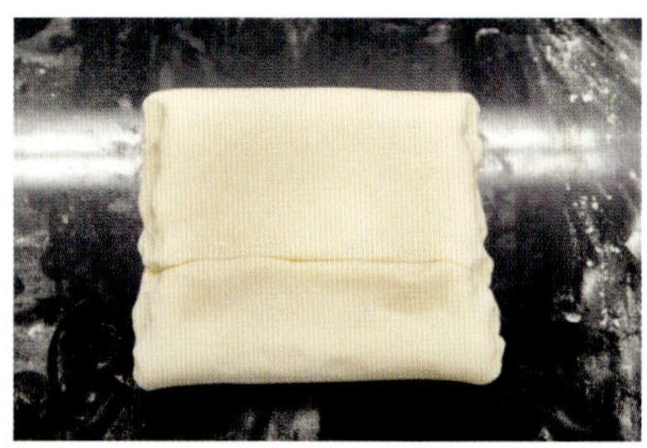

5. Anschließend erfolgt eine doppelte Tour: Den Teig erneut zu einer etwa 20 × 40 cm großen rechteckigen Platte ausrollen. Nun von beiden kurzen Seiten aus jeweils ein Viertel des Teiges zur Mitte hin einschlagen, sodass sich die beiden kurzen Kanten in der Mitte der Teigplatte treffen. Anschließend den Teig in der Mitte nochmals zusammenklappen, sodass vier übereinanderliegende Teigschichten entstehen. Den Teig in Frischhaltefolie gewickelt 1 Stunde in den Kühlschrank stellen.

6. Eine einfache und anschließend eine doppelte Tour wiederholen, sodass insgesamt zwei einfache Touren und zwei doppelte Touren entstehen. Den Teig erneut 1 Stunde in den Kühlschrank stellen.

BRANDTEIG

FÜR DEN BRANDTEIG

125 g Milch
5 g Zucker
5 g Salz
85 g Butter
125 g Mehl
3 Eier

1. Die Milch mit 125 g Wasser, Zucker, Salz und Butter in einem Topf aufkochen. Den Topf vom Herd nehmen, das Mehl auf einmal zugeben und unterrühren. Den Topf zurück auf den Herd stellen und die Masse etwa 1 Minute abbrennen. Dazu rühren, bis sie sich zu einem Kloß ballt und sich am Topfboden eine weiße Schicht gebildet hat.

2. Den Teig in eine Schüssel umfüllen. Die Eier mit einer Gabel verquirlen und nach und nach mit den Quirlen des Handrührgeräts auf niedrigster Stufe unter die noch warme Masse rühren, bis ein glatter, glänzender Teig entstanden ist.

PLUNDERTEIG

FÜR DEN PLUNDERTEIG

500 g Mehl
5 g Salz
45 g Frischhefe
230 g Milch, kalt
70 g Zucker
85 g Butter, zimmerwarm

AUSSERDEM

200 g Butter
Mehl zum Verarbeiten

1. Für die Butterplatte 200 g Butter zwischen zwei Stücken Backpapier zu einem 20 × 20 cm großen Quadrat ausrollen.

2. Für den Plunderteig das Mehl und das Salz in einer großen Schüssel mischen. Die Hefe in die kalte Milch bröckeln, den Zucker zugeben und verrühren, bis sich die Hefe aufgelöst hat. Die Milchmischung und die zimmerwarme Butter zum Mehl geben und mit dem Knethaken in der Küchenmaschine etwa 4 Minuten bei niedriger Geschwindigkeit und anschließend 6 Minuten bei hoher Geschwindigkeit zu einem glatten elastischen Teig kneten. Den Teig zu einer Kugel formen, flach drücken, in Frischhaltefolie wickeln und abgedeckt 20 Minuten in den Tiefkühler legen.

3. Den gekühlten Teig auf einer bemehlten Arbeitsfläche von der Mitte aus in alle vier Richtungen zu einer gleichmäßig dicken, etwa 22 × 40 cm großen rechteckigen Platte ausrollen und überschüssiges Mehl entfernen. Die Butterplatte mittig auf die Teigplatte legen und die Teigränder darüberschlagen, sodass die Butter vollständig vom Teig umhüllt ist. Dabei darauf achten, dass Butter und Teig etwa gleich fest sind und der Teig über und unter der Butter gleich dick ist. Der Teig sollte keine Öffnungen und Risse aufweisen, aus denen beim Ausrollen Fett austreten könnte.

4. Den Plunderteig ausrollen. Dazu erfolgt zunächst eine einfache Tour: Das Butter-Teig-Päckchen vorsichtig zu einer etwa 20 × 40 cm großen rechteckigen Platte ausrollen. Ein Drittel des Teiges über das mittlere Teigdrittel klappen und das letzte Drittel darüberschlagen, sodass drei übereinanderliegende Teigschichten entstehen. Die Teigplatte in Frischhaltefolie gewickelt 20 Minuten in den Kühlschrank stellen.

5. Anschließend zwei einfache Touren wiederholen, sodass insgesamt drei einfache Touren entstehen.

MÜRBETEIG + TARTE BLIND BACKEN

1. Für den Mürbeteig Butter, Puderzucker, Ei, nach Belieben Vanillemark und Salz in einer Schüssel mit den Knethaken des Handrührgeräts verkneten. Mehl und Mandeln zugeben und alles zügig zu einem glatten Teig verarbeiten. Den Teig zu einer Kugel formen, flach drücken und in Frischhaltefolie gewickelt mindestens 2 Stunden in den Kühlschrank stellen.

2. Den Backofen auf 180 °C Umluft vorheizen und die Tarteform einfetten. Den Mürbeteig auf einer leicht bemehlten Arbeitsfläche oder zwischen zwei Stücken Frischhaltefolie zu einer etwa 5 mm dicken, runden Teigplatte ausrollen und die Tarteform damit auskleiden. Überstehende Teigränder abschneiden und den Teig mehrmals mit einer Gabel einstechen.

3. Für das Blindbacken den Teig mit Backpapier auslegen und die getrockneten Hülsenfrüchte zum Beschweren hineinfüllen. Den Mürbeteig im vorgeheizten Ofen (Mitte) 8–10 Minuten blindbacken. Hülsenfrüchte und Backpapier entfernen und den Tarteboden weitere 5–10 Minuten goldbraun fertig backen. Aus dem Ofen nehmen und in der Form abkühlen lassen.

FÜR DEN MÜRBETEIG

150 g Butter, weich
100 g Puderzucker
1 Ei
Mark von ½ Vanilleschote (nach Belieben)
1 Prise Salz
250 g Mehl, plus mehr zum Verarbeiten
30 g blanchierte, gemahlene Mandeln

AUSSERDEM

1 Tarteform (Ø 20 cm)
Fett für die Form
getrocknete Hülsenfrüchte zum Blindbacken

INFO

Frisch zubereitet ist Mürbeteig meist noch zu weich, um ihn auszurollen. Er lässt sich dann nur mit den Händen in die Form drücken und wird nie ganz glatt sein. Für einen gleichmäßig glatten Tarteboden den Teig deshalb zunächst immer einige Stunden in den Kühlschrank stellen, bis er zwar fest, aber dennoch geschmeidig genug zum Ausrollen ist. Wurde der Teig zu lange gekühlt, bricht er beim Ausrollen.

TIPP

Mürbeteigreste zusammenkneten und zu einem flachen Ziegel formen, in Frischhaltefolie einwickeln und bis zur weiteren Verwendung einfrieren.

THE DOLDER GRAND

DANKE

Nachdem Sie sich nun durch die 90 leckeren Rezepte in diesem Buch gelesen, gebacken und gekostet haben, ist es mir als Abschluss ganz besonders wichtig zu sagen: Ein Buch schreibt man nicht alleine! Alles was Sie hier sehen, ist das Ergebnis von Teamarbeit. Ohne den Rückhalt einer funktionierenden Mannschaft kann man überhaupt nichts erreichen. Man kann der kreativste Mensch der Welt sein, aber alleine schafft man es nicht. Deshalb bin ich in jeglicher Hinsicht unfassbar stolz auf mein gesamtes Team. Allerdings möchte ich zwei Personen im Zusammenhang mit der Buchproduktion besonders hervorheben: meine beiden Sous-Chefinnen Jeslyn Teoh und Ursina Caluori. Ich bin ihnen auf ewig dankbar, was sie für mich geleistet haben und wünsche ihnen für die Zukunft nur das Allerbeste! Großen Dank für eure Unterstützung bei der Rezeptentwicklung, dem Rezepte schreiben und korrigieren und natürlich beim Fotoshooting. Auch meinem restlichen Team ein dickes Dankeschön für eure Hilfe und euren Input.

THE DOLDER GRAND

Von ganzem Herzen möchte ich auch meinem Arbeitgeber, dem »The Dolder Grand« in Zürich, danken. Für so vieles, an dieser Stelle aber für das Ermöglichen dieser Buchproduktion – vor allem für die Unterstützung beim Fotoshooting. In persona sind das: Familie Schwarzenbach (Eigentümer), André Meier (Managing Director Dolder Hotel AG), Markus Granelli (General Manager The Dolder Grand) und Georg Steiner (Director of Food & Beverage The Dolder Grand).

Ein besonderer Dank geht auch an zwei Menschen, die einfach essenziell sind für mich: Meine beiden Mentoren Frank Nagel und Oliver Edelmann, durch dessen Zutun ich nun in der Schweiz lebe und arbeite. Danke für alles.

PRODUKTE

Weiter vorne im Buch steht es schon geschrieben: Nur mit den besten Produkten erhält man das beste Ergebnis. Genau diese Produkte finden Sie zum Beispiel unter **www.bosfood.de**, einem Online-Versandhandel für Feinkost- und Patisserieprodukte. Ein besonderer Dank geht an Ralf Bos für seine Unterstützung.

BOS FOOD
EXKLUSIVE LEBENSMITTEL

Unter **www.altesgewuerzamt.de** werden Sie auf jeden Fall fündig, wenn Sie auf der Suche nach hochwertigen und exklusiven Gewürzen sind.

CHRISTIAN HÜMBS

Christian Hümbs ist gelernter Koch und Konditor und mittlerweile mehrfach ausgezeichneter Patissier des Jahres. Nach diversen Stationen wie der Stromburg von Johann Lafer, dem Louis C. Jacob, dem Drei-Sterne-Restaurant Aqua in Wolfsburg, dem La Mer auf Sylt und dem Zwei-Sterne-Restaurant Haerlin im Fairmont Hotel Vier Jahreszeiten zog es ihn 2017 nach München. Bis 2019 war er Chef Patissier an der Seite von Küchenchef Jan Hartwig im »Atelier« des Hotel Bayerischer Hof, das 2017 seinen dritten Stern erhielt. Aktuell ist er Chef Patissier im »The Dolder Grand« in Zürich. Neben dieser Tätigkeit ist er einem breiten Publikum seit 2013 als Juror der Sat.1-Sendung »Das große Backen« bekannt und auch an diversen anderen TV-Projekten ist er regelmäßig beteiligt. Sein erstes Buch »Richtig gut backen« wurde mit der Silbermedaille des Literarischen Wettbewerbs der Gastronomischen Akademie Deutschlands ausgezeichnet und ist in England unter dem Titel »Bake to impress« erhältlich.

JAN C. BRETTSCHNEIDER

Seit mehr als 20 Jahren fotografiert er Food, People und Reportagen für Verlage, Magazine und Werbung. Auf seinen zahlreichen Fotoreisen und Studioproduktionen arbeitete er dabei mit vielen nationalen und internationalen Spitzenköch:innen, Winzer:innen und Produzent:innen zusammen. Hierbei entstanden auch zahlreiche Bücher, die regelmäßig ausgezeichnet werden, u.a. mit dem Deutschen Designpreis, dem ITB BuchAward, dem »Best Cookbook Photography« Gourmand Awards sowie mehreren GAD-Auszeichnungen. Auch in Christians erstem Buch war er für die stimmungsvollen Fotos verantwortlich. Seine Leidenschaft für gutes Essen und Trinken, gepaart mit seinem besonderen Gespür für Licht und Stil, lässt Bilder entstehen, die einfach Appetit machen.

REGISTER

WICHTIGE HINWEISE ZU DEN REZEPTEN

In einigen Rezepten wird als Alternative zur Schlagsahne Rama Cremefine zum Aufschlagen genannt. Da sie modifizierte Stärke enthält, lässt sich dieses Produkt etwas besser aufschlagen, ist somit stabiler, der Geschmack ist allerdings weniger »sahnig«. Je nach Bedarf können Sie also variieren.

Ich verwende in meinen Rezepten ausschließlich die Fruchtpürees der Firma Boiron, die in Konsistenz und Intensität der Aromen für mich ideal sind. Verwendet man andere Pürees oder püriert frische oder TK-Früchte selbst, kann die Qualität des Gebäckes leiden.

Bei den Zubereitungszeiten wurden ausschließlich die des eigentlichen Rezepts berücksichtigt, die Zubereitung der Basisrezepte muss extra gerechnet werden.

Soweit nicht anders angegeben, werden Eier in Größe M verwendet, außerdem Mehl der Type 405.

NOTIZEN

NOTIZEN

NOTIZEN

NOTIZEN

Rezepte Christian Hümbs
Texte Julia Bauer
Fotografie Jan C. Brettschneider
Foto Seite 212 und Foto Seite 213 oben: The Dolder Grand
Foodstyling Jan C. Brettschneider, Christian Hümbs
Coverfoto Jan C. Brettschneider
Lektorat Julia Bauer
Innengestaltung, Typografie, Realisation Jefferson & Högerle
Covergestaltung Jefferson & Högerle

Für den DK Verlag
Projektbetreuung Julia Bauer (extern)
Herstellungskoordination Katharina Schäfer
Herstellung Sophie Schiela

ISBN 978-3-8310-4348-4
5902-970072-21751-06

Repro Farbsatz, Neuried/München
Druck und Bindung Leo Paper Products, China

MIX
Papier | Fördert gute Waldnutzung
FSC® C018179

www.dk-verlag.de

Hinweis
Die Informationen und Ratschläge in diesem Buch sind vom Autor und vom Verlag sorgfältig erwogen und geprüft, dennoch kann eine Garantie nicht übernommen werden. Eine Haftung des Autors bzw. des Verlags und seiner Beauftragten für Personen-, Sach- und Vermögensschäden ist ausgeschlossen.

Soweit nicht anders angegeben, beziehen sich die Temperaturangaben für den Ofen auf Ober- und Unterhitze. Bei Umluft verringert sich die Temperatur um etwa 20 °C. Beachten Sie hierzu gegebenenfalls auch die Angaben des Herstellers.